Être l'acteur de sa retraite

Être l'acteur de sa retraite

Définir un projet, s'organiser, gérer le changement... pour décrocher le premier rôle de sa retraite

Auteurs : Hélène MARTINEAU et Nathalie MASSON

Édition 2019, 2e tirage mai 2021

Direction de collection : Catherine FOURMOND
Suivi éditorial et conception graphique : GERESO Édition
Illustration : © Aleutie/istockphoto.com

www.gereso.com/edition
e-mail : edition@gereso.fr
Tél. 02 43 23 03 53 - Fax 02 43 28 40 67

Dépôt légal : Juillet 2019
ISBN : 978-2-37890-213-1
EAN 13 : 9782378902131

GERESO SAS au capital de 160 640 euros - RCS Le MANS B 311 975 577
Siège social : 38 rue de la Teillaie - CS 81826 - 72018 Le Mans Cedex 2 - France

GERESO
FORMATION I CONSEIL I ÉDITION

Les « Hors Collection » GERESO Édition :

- 60 minutes pour reprendre le contrôle de ses mails
- Barème indicatif des arrêts de travail en traumatologie
- Bien organiser et réussir vos événements
- Ce boulot est pour moi !
- Concevoir une formation
- Conduire le changement en entreprise
- Conseils pratiques pour piloter votre PME
- Créer sa petite entreprise en 50 étapes
- Développez votre identité numérique
- Diagnostiquer la performance industrielle
- Écrire vite, écrire court, écrire bien
- Et si on se parlait à table ?
- Homo Creativus
- Je lance ma start-up !
- La banalité du conformisme
- Le business plan en pratique
- Le guide du Community Manager
- Le manager samourai
- L'empire du mail
- Le webmarketing en 150 questions

Les « Hors Collection » GERESO Édition :

- Manager la performance industrielle
- Montez en gamme !
- Napoléon joue de la cornemuse dans un bus
- Parents-Ados : comme chiens et chats !?
- Plouf plouf ça sera toi le manager
- Relations humaines : entre raison et sentiments
- S.O.S. Management en détresse !
- Techniques et astuces incontournables des réseaux sociaux
- Tous formateurs !

Sommaire

Remerciements

Quel beau moment pour nous de reconnaître votre disponibilité à nous transmettre votre histoire de retraité. Lors des entrevues, nous avons reçu des témoignages vibrants et sincères, qui furent rendus possibles grâce à votre confiance en nous.

Un merci sincère!

Aux participants, lors de l'atelier-pilote qui fût empreint de fous rires, d'échanges et de partages.

À Raymonde Forget, consultante en coaching, auteure, conférencière, formatrice et enseignante certifiée en PNL, qui fût témoin de notre évolution au cours des trois années de formation. Ta présence, ton écoute et tes conseils judicieux contribuent à l'aboutissement de notre rêve d'écrire ce premier livre.

À nos enfants: Sara, William, Alexandre et Carolie pour nous avoir libérées de nos responsabilités parentales momentanément afin de vivre pleinement notre identité d'auteur. Un rêve qui se concrétise grâce vous.

À nos prélecteurs, pour le précieux temps employé à lire, à annoter et à commenter.

Préface

Planifiez votre retraite

En ce début du XXIe siècle, nous vivons une époque spéciale où démographiquement, un très grand nombre de personnes abordent, dans leur cycle de vie, cette étape importante qu'est la retraite.

En effet, les « Baby-boomers » accèdent maintenant à une période privilégiée où ils peuvent prendre le temps « de prendre du temps » pour eux après un grand nombre d'années de travail et d'accomplissement professionnel. Mais, encore faut-il qu'ils aient planifié cette « retraite », non pas uniquement du point de vue financier, mais aussi d'un point de vue psychologique. De belles années en perspective à condition qu'elles répondent vraiment aux besoins et aux valeurs spécifiques de chacun.

Au fil de cette lecture, vous trouverez des outils et des exercices psychologiques puissants et profonds, tirés de l'approche PNL (Programmation neurolinguistique) pour se préparer une retraite heureuse.

La Programmation neurolinguistique est une approche respectueuse qui permet d'acquérir du savoir-être et du savoir-faire de façon simple et efficace afin de vivre pleinement et harmonieusement. En tant que coach professionnel, j'applique ces outils depuis plus de 20 ans avec succès avec mes clients et pour moi-même. Pourquoi pas pour vous, en cette période charnière qu'est la préretraite ou la retraite ?

Le guide que vous avez entre les mains a été préparé par deux excellentes coachs, Nathalie Masson et Hélène Martineau, que j'ai eu la chance et le plaisir d'introduire personnellement au merveilleux monde de la PNL. Au fil du temps, leurs expertises et leurs parcours professionnels les ont menées naturellement à ce que vous vous apprêtez à lire.

Vous serez accompagné professionnellement pas à pas vers cette réalisation d'un temps de vie bien mérité. Car, celui-ci est l'aboutissement d'efforts, de travail, de détermination et de rêves en attente. Il ne tient qu'à vous qu'il vous amène au bonheur et à la joie de vivre.

Je vous invite donc à expérimenter par vous-même ces pistes de réflexion et à mettre en pratique celles qui vous seront les plus utiles pour vivre une retraite comme une période où l'expérience d'une vie et la jeunesse du cœur se rencontrent pour profiter pleinement d'un temps si précieux. À vous de jouer…

Raymonde FORGET
CRHA (conseiller en ressources humaines agréées)
MBA (Master of Business Administration)
Coach professionnelle
Enseignante certifiée en PNL
Montréal, juillet 2015

Avant-propos

D'aujourd'hui à demain, vivre dans son essence

Vivre dans son essence signifie de s'accepter aujourd'hui, dans le moment présent tel qu'on est, avec nos forces et nos faiblesses.

Alors, le moment devient propice à modifier ses comportements, à élargir sa vision, à modifier ses croyances, mais pour SOI, et non pour faire plaisir à l'un ou à l'autre. Vous êtes l'artisan de votre vie et de votre bien-être intérieur.

Nourrir votre bien-être intérieur

Sachez nourrir votre bien-être par des petites joies. Une conversation agréable, une douce musique, une réussite personnelle..., peu importe... cela vous appartient. Mais, comment? En vivant intensément chaque joie, d'abord pour vous. Portez attention aux détails en écoutant votre langage intérieur, en observant vos images mentales ou vos sensations. Soyez attentif à vous-même. Le bonheur peut vous sembler fragile, mais il est possible de l'intensifier en prenant un temps d'arrêt et en ouvrant votre conscience à ce qui vous entoure.

Et curieusement, les choses se mettront à changer autour de vous avec plus d'aisance et d'harmonie. C'est en vous acceptant inconditionnellement dans tout ce que vous êtes que vous pouvez mieux accepter les autres.

Le rayonnement

Lorsque vous êtes bien avec vous-même, le bonheur et la joie de vivre émanent de vous. Le rayonnement commence à agir sur les autres avec douceur et la vie apparaît plus légère. Si c'était simplement cela le réel bonheur?

Bonne lecture!

Introduction

Tout au long de votre vie, vous traversez des périodes charnières. Ces périodes sont habituellement très significatives et comportent plusieurs changements au niveau des valeurs et de l'identité. Chaque période apporte une plus grande connaissance de soi lorsqu'on prend le temps de s'y arrêter.

On dit que le changement est le passage d'un état à un autre. On sait aussi que lorsqu'un changement s'opère, il s'accompagne souvent d'un processus de deuil. On retrouve plusieurs étapes lors d'un changement. Les résistances peuvent être grandes. Glisser dans des comportements tels que la rébellion (manifestations de colère, de haine qui traduisent une impuissance, une perte de moyens devant la situation, démotivation, découragement sans justification) est tout à fait possible. L'exercice que vous avez à faire est de passer du concept de « changement » à celui « d'adaptation permanente ».

Si le changement est imposé, il devient un changement auquel on s'oppose. Il n'en reste pas moins que certains changements ne sont pas négociables. Il convient alors de gérer les résistances naturelles qui s'opèrent.

Les formes le plus souvent observées de résistance sont :

- L'inertie, ou se maintenir dans la procrastination, c'est-à-dire avoir tendance à remettre les décisions au lendemain.
- L'argumentation, afin de tenter de se prouver qu'il peut en être autrement.
- La révolte, par laquelle on agit contre le changement.
- Le sabotage, par lequel on se retrouve dans un mode de destruction volontaire.

Aujourd'hui, nous avons décidé de nous concentrer sur le changement de vie qu'est la retraite, une étape parfois angoissante pour certains et pour d'autres, symbole de liberté. C'est en démystifiant ce qu'est pour vous ce passage de vie que la retraite pourra devenir une étape agréable, stimulante et attendue. C'est du moins ce que nous souhaitons.

Ce livre se veut donc un ouvrage de vulgarisation afin d'accompagner le plus de gens possible. Afin d'alléger la lecture, l'utilisation du masculin est privilégiée.

Source d'inspiration

Le choix de notre métier, le goût de transmettre et de guider les gens vers un mieux-être ont été notre motivation profonde à écrire ce guide et à concevoir des outils pratiques pour vous amener à vivre pleinement votre nouvelle identité de retraité.

Nous souhaitons grandement créer un impact significatif d'abord pour vous-même et par votre rayonnement sur votre entourage. Dans notre esprit de grandeur, c'est une génération complète que nous désirons guider vers une retraite heureuse. Soyez pour nous… nos exemples du futur.

Tout d'abord, notre entourage immédiat (mère, père, tante, sœur) nous a fortement inspirés. Les conversations, les préoccupations et les questionnements intérieurs nous ont indiqué que cette étape de transition de vie qu'est la retraite n'est pas toujours facile à aborder et qu'elle révèle des peurs dissimulées. Beaucoup d'informations reliées à l'aspect financier sont disponibles, mais qu'en est-il de l'aspect psychologique? Nous croyons fortement que pour qu'une retraite soit heureuse et épanouissante, on se doit de regarder ces deux aspects puisqu'ils sont indissociables. Selon une étude québécoise, lorsqu'ils sont accompagnés (par un planificateur financier par exemple), les gens se sentent plus confiants à l'approche de leur retraite. Nous nous sommes donc posé la question suivante : « Est-ce que l'accompagnement à la préparation psychologique peut aussi augmenter la confiance des gens quant à cette transition ? »

À chaque jour lors de nos interventions en tant que « coachs » professionnelles, l'être humain nous inspire par l'interprétation qu'il se fait de son expérience de vie. Chacun de nous amasse, entasse, perçoit ses souvenirs de vie à la mesure de ce qu'il en comprend. Du plus jeune âge jusqu'à ce qu'il soit possible de le faire, ces souvenirs forgent les croyances sur lesquelles s'appuient nos rêves, nos désirs, nos projets. Comme chaque phase de vie comporte son lot de projets toujours de plus en plus influencés par ces croyances, nous vous invitons à profiter de cette période charnière de vie pour accomplir une introspection afin de vivre pleinement votre nouvelle identité de retraité.

Grâce à ce projet d'écriture, nous espérons que ce guide vous aidera à apporter des changements concrets dans votre vie afin que cette transition vers la retraite soit plus douce, harmonieuse et surtout à l'unisson avec votre identité.

Nous croyons que la connaissance de soi est importante dans toutes les étapes de notre vie. Que chacun a le droit d'être et de devenir ce qu'il souhaite sans jugement. Nous croyons qu'en nous donnant d'abord ce droit, nous aurons plus de chance de ressentir le bonheur.

Notre processus de création

Dans notre environnement de consultation, nous sommes perpétuellement en écoute active. Lorsque des situations ou des malaises se répètent, une source d'inspiration se crée d'où la raison d'écrire ce guide pour les retraités et futurs retraités.

Persuadées que les préretraités et retraités ne se préparent pas suffisamment à l'aspect psychologique relié à cette étape de vie, nous devions maintenant prouver nos hypothèses. C'est après un long processus de questionnements, de recherches, d'entrevues individuelles appuyées par un questionnaire judicieusement conçu et d'ateliers mettant à l'épreuve les outils présentés que nous pouvons aujourd'hui vous offrir le résultat d'une année intensive de travail sur le sujet de la préparation à sa nouvelle identité de retraité.

À qui s'adresse ce guide ?

Nous avons distingué quatre groupes d'individus qui vivent cette période charnière de vie qu'est « la retraite ». Nous faisons une description générale des différents groupes afin de vous y associer et de vous aider à comprendre les différents exercices inclus dans ce guide. Chaque groupe se distingue par l'état intérieur vécu, les étapes franchies et par le temps correspondant à la date de leur retraite.

Groupe des planificateurs de retraite « - 5 ans »

La retraite est prévue dans moins de cinq ans. Vous traversez habituellement une période de réflexion intense, mais sans pour autant prendre un temps d'arrêt concret... Le sujet de la retraite alimente vos conversations et souvent, autour de vous, il y a plusieurs départs à la retraite qui vous rappellent qu'un jour, ça sera votre tour. Mais cinq ans, c'est encore loin. Certains employeurs offrent des séminaires de préparation à la retraite qui sont de façon générale axés sur l'aspect financier.

Groupe des retraités arrivés « année 1 »
La retraite est arrivée parfois sans crier gare. Le dossier administratif est bouclé. Enfin! Du temps pour vous. Plus d'horaires. Du temps pour rattraper le temps... peindre la chambre, finir le sous-sol, faire un petit voyage, voir les amis... Il s'installe un certain sentiment de liberté, mais qu'en est-il de la réalité? La réflexion a-t-elle été faite sur ce que vous désirez réellement pour les 5-10-15-20... ou même 30 prochaines années? Comment souhaitez-vous vivre votre nouvelle identité de retraité?

Groupe des nouveaux retraités « 1 à 5 ans »
Vous vivez la retraite depuis un à cinq ans. Le temps de la nouveauté est passé et une nouvelle routine s'est établie. Est-ce que tout se passe comme vous l'aviez souhaité? Vous vivez peut-être des frustrations. Vous éprouvez du regret, votre vie active au travail vous manque encore ou vous êtes envahis par les responsabilités de la famille (petits-enfants, parents malades).

Groupe des retraités installés « + 5 ans »
La retraite est enracinée depuis plus de 5 ans. Mais si c'était à recommencer?... que feriez-vous de différent?... Votre discours interne ressemble à: Si j'avais su... J'aurais tellement aimé vivre... Ou faire... Quels conseils aimeriez-vous transmettre aux groupes précédents?

Comment utiliser ce guide?

Au cours de la création de ce guide, nous avons choisi d'exploiter la thématique du cinéma pour plusieurs raisons. Tout d'abord, le fait d'utiliser des rôles vous aidera à vous dissocier temporairement de la situation afin d'élargir les possibilités et d'ouvrir les horizons pour en arriver à de nouvelles solutions. De même, le cinéma permet le rêve et les fantaisies. Il supprime les barrières et les limitations. Vous abandonner à vos rêves, à vos projets est un début de concrétisation. Par la métaphore du cinéma, nous souhaitons vous transporter dans votre monde imaginaire pour laisser place à tout ce qui est possible de réaliser. Ressentir les bienfaits de l'accomplissement de votre rêve devient la motivation profonde à crier haut et fort: ACTION!

Aujourd'hui, vous êtes le scénariste, le producteur, le réalisateur, l'acteur et le spectateur de la « prise 3 » de votre vie. Vous avez fait la « prise 1 »: la jeunesse, l'enfant, l'étudiant. Vous avez ensuite fait la « prise 2 »: la vie d'adulte, de parents, de travailleurs. C'est maintenant l'heure de la « prise 3 »: vous êtes la vedette de votre retraite!

Tout d'abord, nous vous invitons à aborder ce livre en créant un « espace-temps » pour vous. S'accorder un temps pour découvrir ou redécouvrir des rêves étouffés depuis plusieurs années. Un espace d'accueil, de non-jugement, d'observation de soi avec un regard d'amour et de respect de tout ce que vous avez accompli jusqu'à maintenant. Un temps d'arrêt pour mettre à jour vos valeurs par choix volontaire et conscient. Finalement, permettre à votre identité de retraité d'exister tel que vous le souhaitez et de rayonner sur votre entourage.

Les apprentissages se feront tout au long de votre lecture et de façon progressive. Vous pourrez observer sous différents angles vos croyances, vos peurs et votre identité associées à la retraite. Par l'observation de soi, l'écoute de votre discours interne et de votre ressenti, vous découvrirez les actions et les changements appropriés dont vous avez besoin pour vivre une retraite heureuse.

Votre responsabilité repose sur la maîtrise des prises de conscience et de la mise en action dans le quotidien. Vous êtes la seule personne responsable de vos choix, vos joies et vos peines. Par l'expérimentation, vous y arriverez facilement. Des questionnements justes et des outils de changement simples vous sont proposés tout au long de votre lecture.

Utilisez ce guide comme l'écriture de votre scénario de vie. Prenez pleinement possession de ce guide et qu'il soit à votre image. C'est comme un cadeau à soi… de soi ! Tout comme l'élaboration des différentes scènes de votre film, il sera témoin de vos réflexions.

Voici les icônes que vous retrouverez tout au long de votre lecture :

À vous de jouer
Cette icône représente les directives à suivre pour le prochain exercice.

Pièges à éviter
Le but est de mettre en relief des facteurs de risques ou des pièges possibles. Ils ne sont pas pour autant adaptés à la situation présentée.

Observations du coach
Les observations du coach dans ce guide sont un moyen de vous amener à un questionnement intérieur par des exemples concrets.

En quoi la lecture de ce guide peut-elle vous être utile ?

Aux sceptiques qui se disent : « J'ai assez hâte d'être rendu là, je n'ai pas besoin de me préparer psychologiquement, ça fait longtemps que je suis prêt » ; ou à ceux qui pensent qu'il est trop tard parce qu'ils sont déjà à la retraite depuis quelques années, nous vous mettons au défi de prendre le temps de vérifier vos croyances par rapport à la retraite et de définir vos objectifs. Il n'est jamais trop tard pour se remettre en question et redéfinir le rôle que nous souhaitons vivre dans notre existence. S'il y a un intérêt à la lecture de ce guide, c'est probablement que vous souhaitez apporter certains changements dans votre vie actuelle de retraité ou celle à venir.

L'ouvrage a pour but de vous appuyer, préretraités ou nouveaux retraités, dans la planification de cette étape de vie. L'accent est résolument non financier, même s'il y a toujours une composante financière à toute décision. Les différents exercices proposés visent à vous permettre de prendre conscience de vos besoins, souhaits et priorités, et de vous aider à faire des choix éclairés puis prendre les décisions qui s'imposent.

Tout au long de votre lecture, vous aurez la possibilité de créer votre scénario de retraite afin de découvrir de nouveaux horizons et de nouvelles possibilités peut-être inattendues. Quelle sera votre histoire ? Quels acteurs secondaires allez-vous choisir pour vous accompagner dans cette mise en scène à votre image ?

Il est maintenant le temps de :

- Créer votre scénario de retraite.
- Vivre intensivement le rôle principal.
- Découvrir des prises de vue imprévues.
- Dévoiler des forces intérieures, peut-être méconnues.

Le changement

Si la retraite bouleverse certaines habitudes, elle ne modifie aucunement votre identité profonde pour autant. Comment avez-vous vécu les changements dans votre vie : maladie, séparation, mariage, déménagement, restructuration au travail... ? Avez-vous de la facilité à vous adapter aux changements ? Quels comportements avez-vous développés pour composer avec les changements ? Quels sont les points de résistances, peurs, insécurités... ? Avez-vous un soutien moral autour de vous ? Un changement important de vie tel que la retraite apporte une période d'inconfort reliée à des émotions différentes selon le niveau de préparation ou selon l'espace et le temps qu'occupait le rôle de travailleur dans votre vie.

> « On ne peut faire de changements sans changer quelque chose. » Si rien ne change, que se passera-t-il ? Il est donc inévitable de sortir de votre zone de confort.

Soutien dans le processus de deuil

Avez-vous réellement fait le deuil de votre vie de travailleur laissée derrière vous il y a quelques années, ou encore que vous laisserez sous peu ? Il ne fait aucun doute que le deuil de certains aspects éreintants de votre vie de travailleur risque d'être assez facile à faire, tels que se lever tôt le matin, passer un temps fou dans la circulation aux heures de pointe, voir jour après jour, à votre arrivée au bureau, les mêmes visages aigris…

Par contre, il est possible que cette perpétuelle routine ait créé une zone de confort, empreinte d'un sentiment de reconnaissance sociale, d'accomplissement et même d'épanouissement. Si tel est le cas, n'y aurait-il pas un petit deuil à faire ?

La hâte

Enfin… la retraite. « J'y rêve depuis si longtemps. » Mais pas si vite ! Avant de tourner la page sur cette période de votre vie, il serait intéressant de la réévaluer. Outre la sécurité financière que procure votre travail, il y a également d'autres gains secondaires non négligeables.

Le regret

On remarque que le regret est souvent relié à un manque de planification pour la retraite. Il est nécessaire de mettre en place des moyens concrets et réalistes pour bien vivre ces changements. Vous pourriez vous accrocher au passé, par peur de perdre les bénéfices reliés à votre vie de travailleur. Ou encore, après six mois à un an passé à la retraite, vous pourriez oublier les contraintes et les moments ardus de la vie de travailleur.

En utilisant vos émotions comme un outil d'apprentissage, il vous sera possible d'y découvrir quels étaient les besoins créés par votre vie de travailleur, et quels sont les changements à apporter par des moyens concrets pour vivre pleinement votre retraite.

La peur

La peur de se retrouver inactif, isolé de la société pourrait être présente, tout particulièrement si vous avez attribué une grande partie de votre valeur personnelle à votre réussite professionnelle. Parfois, le sentiment de ne plus vous sentir utile pour la société ou encore inintéressant aux yeux de ceux qui sont encore sur le marché du travail engendre la peur de prendre votre retraite. Avez-vous peut-être l'impression que vos conversations semblent ennuyeuses ? Ou encore, ressentez-vous une peur reliée à la dernière période de la vie qui forcément nous transporte lentement vers la vieillesse puis la grande sortie, la mort. Il ne faut pas non plus oublier la peur de manquer d'argent qui, à elle seule, peut procurer une grande part d'inquiétude.

Après un certain temps, ces gains liés au travail risquent de vous placer dans les regrets. Vous avez peut-être envie de retrouver ces gains dans votre vie de retraité.

Mes besoins… du travail à la retraite

Nous vous invitons à faire une liste de besoins personnels que le travail vous apportait, et de prévoir de quelle façon vous pourriez continuer de combler ces besoins dans votre vie de retraité. Soyez créatif !

Par exemple, si le travail vous permettait :

- De vous réaliser.
- De socialiser.
- De vous sentir utile.

À la retraite, comment vous réaliserez-vous ? Par un passe-temps ou par une passion ?

Comment vous socialiserez-vous ? En vous inscrivant à un cours ou en faisant partie d'une association ?

Comment vous sentirez-vous utile ? En vous impliquant bénévolement ?

Travail	Retraite

Types de retraite

Selon vos ressources financières accumulées et votre capacité à bien définir vos besoins, plusieurs types de retraite sont possibles. Quel genre de retraite souhaitez-vous vivre ? Comment pouvez-vous combler vos besoins d'appartenance et d'estime de soi ? Comment communiquer vos besoins à votre entourage, tout en respectant votre identité et les autres ?

Retraite... retrait : Ai-je accumulé suffisamment de ressources financières à travers le temps ? Peut-être que j'ai suffisamment de moyens pour répondre à mes besoins, mais que mon insécurité financière m'empêche de vivre pleinement mes rêves ?

Retraite... action : Est-ce que j'ai surtout besoin de me sentir utile, valorisé et reconnu par autrui ? Comment puis-je retrouver ce besoin dans cette nouvelle vie ?

Retraite... loisirs, famille : Est-ce que j'ai besoin d'avoir des relations sociales pour me divertir ? Quelle place occupe ma famille dans mes projets de retraite ? De quelle disponibilité dispose ma famille, maintenant que j'ai plus de temps à leur accorder ?

Retraite… 3e âge : Mon besoin d'utilité et le besoin de contacts sociaux sont-ils tous les deux très importants pour moi ? Ai-je songé à m'engager de façon très active dans ma communauté ?

Retraite… revendication : Est-ce que j'ai le goût de m'impliquer dans une cause qui me tient à cœur et que j'ai envie de défendre et de soutenir ?

Retraite… dévalorisation : Est-ce que la perte de mon statut social m'effraie ? Est-ce que j'associe la retraite à une perte d'identité ? Est-ce que j'ai l'impression de me sentir inutile pour la société ou pour mon entourage ?

Comment abordez-vous la retraite ?

Par vos agissements dans le passé, vous pouvez détecter votre mode de fonctionnement devant les événements importants de la vie ou les épreuves. Prenez quelques minutes pour identifier votre façon de réagir. Êtes-vous, un être…

Réactif

Votre réaction est rapide devant les événements et vous réfléchissez plus souvent après coup. Votre état de survie est activé grandement, vous réagissez à tout ce qui se passe autour de vous avec beaucoup d'émotions, et parfois sans discernement.

Passif

Votre réaction est plus lente, vous pouvez même attendre qu'un événement extérieur ou une personne prenne la décision à votre place. Vous pouvez être conscient de cette attitude mais peut-être pas. Surtout si c'est ancré en vous depuis longtemps et que votre affirmation est plus difficile.

Proactive

Vous aimez passer par une période de passivité, ou disons d'introspection, afin de choisir les meilleures solutions pour la situation. À la lueur de ces réflexions, les étapes sont identifiées afin de concrétiser les changements nécessaires, une étape à la fois.

Dans ce contexte, nous vous invitons à aborder ce guide avec votre esprit et votre âme de proactif afin que l'apprentissage de vous-même soit encore plus puissant et concret dans votre nouveau quotidien. À travers les différents exercices proposés, vous détecterez de nouveaux comportements à adapter ou à modifier afin de réaliser les changements souhaités et pour ainsi accéder à la joie et au bonheur d'être un retraité.

Idéalisez-vous votre retraite ?

Pour plusieurs, voire la majorité des gens qui se préparent à la retraite, le scénario de jours meilleurs, heureux, libres et sans préoccupations demeure souvent le plus répandu. On rêve d'un réveil naturel, d'un café bien chaud savouré lentement en écoutant les oiseaux et en prenant le temps de lire son journal. Pourquoi pas un peu de jardinage et même une rocaille à refaire complètement ! Prendre le temps, avoir du temps, être maître de son temps sans se presser. Voilà ce que nous avons remarqué et qui était le plus anticipé lors de nos entrevues préliminaires faites avec de futurs retraités.

Et vous, chers nouveaux retraités, qu'en pensez-vous ? En est-il encore ainsi ? Vous qui avez pris votre retraite depuis un an… trois ans… cinq ans… qu'en est-il de votre jardinage ? Avez-vous toujours le temps de lire votre journal de A à Z au réveil ? Est-ce satisfaisant ? Manque-t-il quelque chose ? Que vous rêviez de la retraite ou soyez en train de la vivre reste-t-il un vide au plus profond de vous que vous ne pouvez expliquer ?

> Penser à ce que vous ferez à la retraite est tout à fait légitime. D'ailleurs, toute réalisation ne démarre-t-elle pas d'un rêve ? Malheureusement, le piège est d'oublier de vous questionner quant à l'état d'esprit que vous avez envie d'avoir en sirotant votre café ou en jardinant….

Témoignages

Diane, femme d'affaires accomplie qui, en plus d'avoir élevé ses enfants seule, a repris des études. Elle a ensuite démarré son entreprise et s'est découvert une passion pour l'achat de maisons. À quelques années de sa retraite, elle y rêve en souhaitant se libérer d'une surcharge de responsabilités. Vendre quelques propriétés et se départir de son entreprise sont pour elle une façon de retrouver la liberté. Et pourtant, avec recul, elle se demande comment elle comblera ce vide qu'elle ressent à l'intérieur d'elle-même, malgré son enthousiasme à prendre sa retraite.

Pierre, pour qui la retraite était en préparation depuis plus de cinq ans, a vu celle-ci se manifester comme le plus grand rêve de sa vie. Ayant commencé à travailler à l'âge de 14 ans, il se retrouvait désabusé de sa vie d'ouvrier en usine, ne retrouvant plus de reconnaissance sociale dans son rôle de travail-

leur. Employé acharné, sa vie était réglée au quart de tour. Homme à la tâche, il a accompli son travail comme peu savent le faire. À la retraite depuis maintenant trois ans, aujourd'hui, il reste l'homme engagé à la tâche. Généreux de son aide, il ne manque pas une occasion d'accepter les demandes de « coup de pouce ». Il a retrouvé la reconnaissance sociale qu'il avait perdue et se retrouve encore bien souvent avec un horaire réglé au quart de tour. Il est pourtant à la retraite…

Sans réelle conscience de ce que vous désirez changer lors de votre retraite, il y a de fortes chances que les comportements se répètent. Bien sûr le contexte sera différent et sans inconvénients, pour le moment, du moins. Par contre, si la difficulté à dire non ou à lâcher prise reste pour vous un problème, cela pourrait, à long terme, avoir des répercussions sur votre humeur, sur votre bien-être et peut-être même sur votre santé.

Ah ! Si c'était à refaire…

Nous vous invitons à faire ce petit exercice « comme si ». C'est-à-dire, comme si par magie vous vous retrouviez déjà à votre retraite, et ce, depuis au moins 20 ans. Projetez-vous dans 20 ans. Que pensez-vous de vous en vous imaginant à cet âge plus avancé ? Y a-t-il quelque chose que vous auriez changé à votre mode de vie, à la façon de prendre soin de vous, à la manière d'entretenir vos relations ? Vous repensez à votre jeune temps qui correspond à votre âge actuel ! Qu'est-ce que le sage âgé de plus de 20 ans vous dirait ? Voici un bon début pour vous repositionner à votre âge réel afin de remédier, pendant qu'il en est encore temps, à ce que vous constatez d'ores et déjà et que vous souhaitez changer. Avant de dire « Ah ! Si c'était à refaire… »

Que vous diriez-vous ? Qu'entendriez-vous de la part de votre entourage ? Que ressentiriez-vous ? Que verriez-vous ? Qu'est-ce que les gens verraient de vous ?

« Ceux qui ne connaissent pas leur histoire s'exposent à ce qu'elle recommence… »
ELIE WIESEL

Scène 1
Votre histoire

Votre histoire se façonne à chaque instant, influencée par tous les événements du passé, du présent et même du futur.

Dès les premières minutes de votre naissance, vous débutez l'expérimentation d'être un être humain. Pendant l'enfance, les croyances et l'éducation qui découlent de vos parents ont façonné votre première période d'identité. Même encore aujourd'hui, rendu au jour de réflexion sur votre retraite, il est possible que vous soyez encore sous cette influence.

Au fil des années, vous accumulez un ensemble d'expériences qui influencent vos croyances, vos comportements et votre identité. Votre essence se transforme au fur et à mesure que les années passent.

Ce cheminement est très différent pour chacun. Il devient, dès lors, inutile de se comparer.

Des exemples inspirés de vos histoires

Luc D., programmeur - 50 ans - retraite envisagée dans cinq ans - Groupe des planificateurs de retraite

Employé dans la même entreprise depuis 29 ans, fonds de pension solidement accumulé, l'aspect financier est bien planifié. Pourtant, penser à prendre sa retraite devient pour Luc une option lui permettant de faire quelque chose de différent, mais c'est aussi insécurisant parce qu'il quittera sa zone de confort. Il a fait « le tour du jardin », comme il le dit si bien. Être retraité à 55 ans, voilà ce qu'il prévoit. Par contre, sa question est: « Et après? Qu'est-ce que je deviendrai? Qu'est-ce que je ferai de ce temps? »

Luc a la chance d'avoir une sécurité financière qui n'occasionnera pas d'obstacles à la retraite. Il a su, depuis toutes ces années, planifier sa retraite afin qu'elle soit confortable et que celle-ci lui offre la liberté. Comme nous pouvons le constater, il se retrouve avec la liberté financière, mais il a une vision limitée de sa nouvelle identité de retraité, n'ayant pas envisagé cet aspect au préalable.

Si Luc ne prend pas le temps de réfléchir à ce qu'il souhaiterait ÊTRE comme retraité, il risque de retarder la venue de sa retraite par crainte de s'ennuyer, préférant rester à son poste bien qu'il n'ait plus de nouveaux défis. Peut-être deviendra-t-il ainsi aigri, frustré à perdre son temps là où ce n'est plus sa place, à défaut de découvrir son nouveau chemin de vie.

Denise M., adjointe administrative - 59 ans - Groupe des planificateurs de retraite

« Je m'informe sur tout ce qui existe pour les retraités (gouvernement, résidence, placements, régime des rentes) avant d'agir.

Quand je manque de temps, tout de suite, je me dis: Ah! si j'étais à la retraite… comme si, pour avoir du temps, je devais arrêter de travailler.

Quand je fais des sorties, je me dis que je peux en profiter maintenant, tant que j'ai encore de l'argent. Puis, je viens à me demander si je pourrai encore faire ces sorties à ma retraite. Suis-je prête? J'y pense tout le temps. À bien y réfléchir, je n'ai pas besoin de beaucoup de choses. Je peux me départir d'énormément de choses. Quand j'y pense, c'est libérateur. »

Entre deux rives, Denise vit une période transitoire. Il y a des changements entre ses anciennes valeurs et les nouvelles qu'elle souhaite enraciner lorsqu'elle songe à sa retraite.

Nous savons bien que l'aspect financier est important pour la stabilité émotionnelle reliée à l'insécurité financière. Et si cette croyance devenait limitante, empêchant de se projeter dans son projet de retraite…

Jeannette B., adjointe administrative - 64 ans - Groupe des planificateurs de retraite

« J'ai d'abord changé mon horaire de travail à quatre jours par semaine pour me préparer à être plus souvent chez moi et l'apprécier. Cela me permet de me détacher du travail, même si j'aime encore ce que je fais. J'ai suivi une formation de préparation à la retraite. Je réalise que je n'ai pas trop peur contrairement aux autres. Par contre, j'aimerais avoir un projet, changer mon milieu de vie, mais je ne suis pas encore fixée.

Seule depuis 20 ans, en y repensant, je ne voyais pas ma retraite comme cela. Je pensais avoir le temps de me refaire une vie de couple. 20 ans… comme c'est vite passé. Je voyais toujours des couples à la retraite. Ça me fait drôle de me retrouver seule à la maison, je me sens encore plus seule. J'ai demandé des projections financières auprès de mon employeur pour me sécuriser un peu. »

On observe que la plupart des gens n'ont que des projets à court terme ou, encore, n'en ont tout simplement pas. La retraite n'est pas un objectif, mais un mode de vie où il devient essentiel de prévoir des projets à court, moyen et long terme. La simulation reliée aux différents projets accroît la confiance et l'estime de soi, ce qui favorise l'émergence de l'identité de retraité en rayonnant au grand jour. Ainsi, la fierté d'être un retraité s'installera. Osez envisager des projets à court, moyen et long terme pour vous-même, en couple ou entre amis. Vous êtes l'acteur principal de votre vie… que souhaitez-vous vivre?

Liette S., retraitée depuis le 10 décembre 2009 - 56 ans - Groupe des retraités arrivés

« Quand j'ai pris ma décision, j'étais contente. Pourtant, plus le jour de la retraite approchait, plus j'en réalisais toutes les pertes: les collègues, le besoin

d'aider les autres, etc. Je me définissais par mon travail bien plus que par mon rôle de mère ou d'épouse (valeur de reconnaissance sociale). La motivation principale de prendre ma retraite était pour la santé, à la suite d'un combat contre le cancer, il y a deux ans. Ma santé était devenue ma priorité (valeur santé). »

Prenons la situation de Liette: sa valeur « aide » a une grande importance. Elle fait partie intégrante d'elle-même. Dans un contexte d'introspection, comment peut-elle continuer à nourrir cette valeur, tout en combinant sa valeur de reconnaissance sociale dans sa vie de retraitée? Comment se sent-elle reconnue comme femme sans son milieu de travail?

Son besoin d'aider les autres pourrait aussi devenir un piège. Elle pourrait fort bien devenir une aidante naturelle beaucoup plus par dépit que par choix. Par contre, en prenant conscience de ce piège possible, elle pourrait partager son temps avec équilibre entre ses nouveaux besoins de retraitée et sa valeur d'aide envers les autres.

Céline R., enseignante aux adultes - 62 ans - Groupe des retraités arrivés

« *J'ai vécu cela comme un processus depuis cinq ans, tout naturellement. Je le compare à l'adolescence; c'est petit à petit que tu trouves ton métier...*

Au début, c'était flou! Il y a 10-15 ans, beaucoup d'enseignants parlaient de la retraite et cela m'énervait. Je n'étais pas rendue là. Je suis monoparentale depuis 24 ans, et je voulais payer les études universitaires de mon fils. Je devais travailler, mettre toutes mes énergies à faire ce qu'il faut faire. J'ai tout de même travaillé avec plaisir toute ma vie. Aussi longtemps que ses études n'étaient pas terminées, il n'était pas question d'arrêter. Lorsqu'il est entré à l'université, je savais que j'étais dans ma dernière ligne droite et que, par la suite, je n'aurais plus aucune raison majeure pour poursuivre mon travail.

Afin de faire une transition, j'ai accepté un nouveau poste pour les deux dernières années de ma carrière. Cela a déclenché un heureux changement.

J'avais l'impression de pouvoir transmettre mon expérience à des plus jeunes, de passer le flambeau. À l'automne 2008, l'implantation de la réforme à l'éducation aux adultes a comporté son lot de difficultés. Je me demandais de plus en plus: est-ce que je suis obligée d'endurer tout ça? »

Il est intéressant d'observer tout le discours interne de Céline. Quel est le vôtre? Cette petite voix qu'on cherche continuellement à faire taire... Il est maintenant temps de l'écouter, elle a tant à vous dire.

Accueillir cette voix intérieure

Tout comme dans le témoignage de Céline, prenez contact avec votre propre discours interne. Écoutez sans chercher à comprendre ou à analyser le message. Inscrivez ce qu'il en ressort...

Le jugement qu'on porte sur soi est souvent trop sévère. Lorsque vous vous jugez fortement, vous autorisez par le fait même votre entourage à en faire autant. Comment un regard juste et objectif sur soi change-t-il votre perception de vous-même?

Pierrette T. et Robert P., en couple depuis 40 ans - 60 et 62 ans - Groupe des retraités arrivés

Pierrette a été femme au foyer depuis ses premières années de mariage avec Robert. Robert, pour sa part, occupait un poste de superviseur dans une entreprise en aéronautique durant plus de 30 ans. Heureux enfin de prendre sa retraite, Robert se réjouissait à l'idée de retrouver son épouse afin d'occuper son temps avec elle. De son côté, Pierrette a cessé son bridge et ses sorties de femmes pour se consacrer à son mari. La retraite, ça ne change pas le monde, sauf que…

La retraite en couple, c'est deux personnes qui se retrouvent avec des attentes différentes pour cette étape de vie. Se retrouver ensemble au quotidien amène à se questionner sur ce que chacun entend par se réaliser en tant que couple et comme individu à travers ses intérêts, ses désirs et ses aspirations propres.

Pour le couple qui se retrouve face à face, 24 heures sur 24, dans un même milieu de vie, ce n'est pas sans risques. Des ajustements et une bonne communication sont nécessaires afin que chacun trouve son compte et se sente bien dans cette nouvelle étape de vie.

Germaine H., enseignante - 66 ans - Groupe des retraités arrivés

« J'ai commencé à repenser à la retraite il y a quatre à cinq ans. Avec l'arrivée de nouveaux et nombreux jeunes professeurs, je portais de moins en moins d'intérêt à mes collègues. Il y a deux ans, plusieurs éléments m'ont incitée à prendre ma retraite : incompatibilité avec les collègues, maladie de mon conjoint et manque d'intérêt général face au travail. Pendant mes vacances, à l'été, j'ai pensé sérieusement à la retraite. Ensuite, après une entrée scolaire difficile, ce fut pour moi un signal que je devais prendre une décision. Six mois plus tard, j'en étais convaincue. »

On remarque souvent dans vos histoires qu'il survient des éléments déclencheurs tels que des conflits au travail, un malaise physique ou un manque d'intérêt prononcé au travail, ce qui amorce le processus de la retraite.
Pour vous, quel serait votre événement déclencheur ? Faut-il attendre qu'il y en ait un pour prendre une décision ? Le choix revient à vous d'être réactif, passif ou proactif.

Lorsque des événements ou des situations bousculent les choix, il y a plus de chance que la préparation psychologique ne soit pas pleinement à votre image. Un temps propice à la préparation serait à moins de cinq ans du grand jour.

Jean-Jacques F., architecte - 75 ans - Groupe des retraités installés

« Aucune préparation, le département a fermé lorsque j'avais 58 ans. Un choc! Je me suis retrouvé à prendre ma retraite. J'étais désorienté. Je venais de m'acheter un appartement, je me suis concentré sur la rénovation pendant deux ans pour occuper mon esprit. Je me disais que si je n'avais rien à faire, je deviendrais fou. J'ai opté pour le golf; ainsi, une partie de ma journée était occupée. J'ai aussi voulu écrire, mais je ne l'ai pas fait encore! Je considère que, dans ma vie, j'ai beaucoup réfléchi. J'ai un certain dégoût de la société, les gens sont tellement coincés. »

Généralement, nous remarquons que, peu importe la période de leur vie, plusieurs individus existent par le travail en accordant de l'importance à certaines valeurs telles que la reconnaissance sociale liée au travailleur actif, la réalisation professionnelle ou encore la réussite. Dans ce contexte, lorsque la retraite arrive de façon impromptue, le fossé entre la vie personnelle et professionnelle est encore plus considérable.

Accorder une grande partie de son temps à son travail, c'est très bien, mais est-il possible d'apporter un équilibre entre son travail et ses rêves personnels, si petits soient-ils? Vos rêves et projets personnels méritent d'être vécus dès maintenant.

Le récit de votre préparation à la retraite

Vient maintenant l'étape d'écrire votre propre histoire. Prenez le temps de vous observer. Comment vivez-vous cette préparation à la retraite en prenant contact avec votre ressenti, votre discours interne, vos rêves et vos espoirs reliés à la retraite? Songer à votre retraite, cela vous inspire-t-il des peurs ou des doutes? Votre pensée est-elle accompagnée d'un sentiment de liberté? Comment vous imaginez-vous? Que ferez-vous le premier matin?

Comment se passe ou s'est passé votre préparation à la retraite? Pour ceux qui sont déjà à la retraite, comment celle-ci se passe-t-elle?

____

____

____

____

____

____

La retraite: mythe ou réalité?

C'est une question de plus en plus présente de nos jours. Plusieurs retardent le jour de la retraite pour différentes raisons: l'aspect financier, le manque de projet de retraite ou parce que la santé permet de continuer de travailler par amour pour le travail. Il y en a d'autres qui, par manque de désir de se retrouver quotidiennement avec son conjoint ou sa conjointe, n'ont aucune envie de rentrer à la maison.

Les gouvernements ont accordé l'âge de la retraite à 65 ans à une époque où ils avaient un besoin criant de faire place à la relève mais, aujourd'hui, qu'en est-il? On constate qu'un manque de ressources humaines amène de plus en plus d'entreprises à solliciter leurs retraités pour revenir au travail à titre de contractuel, consultant, mentor, et ce, faute d'avoir suffisamment de personnel compétent et engagé.

La retraite dans le monde

Au Québec

D'ici peu, au Québec, il y aura autant de personnes âgées de plus 60 ans que de jeunes de moins de 25 ans, soit 25 % de la population. Sur 1 500 Canadiens âgés de 20 à 65 ans, il ressort de cela que la préoccupation psychologique face à la préparation à la retraite reste aussi importante que la préoccupation financière. De plus, LA RETRAITE reste dans une proportion majoritaire, importante dans la vie des gens. Par contre, un plan de retraite est mis en place surtout après 50 ans. Parmi tous les gens ayant fait un plan de retraite (soit 35 % des gens rencontrés), aucun n'a un plan de préparation psychologique à la retraite. Lorsqu'on pose la question aux gens pour savoir quels sont leurs rêves à la retraite, voici ce qu'on obtient généralement, et ce, dans l'ordre qui suit : le désir de voyager ; ne pas avoir de soucis financiers ; l'espérance d'avoir la santé, de prendre soin de leur famille (petits enfants) ; et, pour finir, avoir du temps libre pour faire ce qu'ils veulent… MAIS QUE VEULENT-ILS ?

Les éléments dits de « bonheur » se répartissent comme suit : 74 %, voyager ; 70 %, avoir du temps ; 69 %, se reposer ; 63 %, s'occuper de sa famille et 41 %, pouvoir faire du bénévolat. La peur de la solitude et de l'ennui est présente pour 66 % des gens rencontrés.

Par contre, si vous êtes entrepreneur, vous êtes beaucoup plus confiant en ce qui concerne votre retraite que pour la population en général. Seulement 19 % pensent cesser tout travail à la retraite, tandis que les autres ne savent pas quand ils prendront leur retraite.

À la lueur de ce que vous constaterez lors de la lecture de la « retraite dans le monde », vérifiez si ces informations modifient votre perception du régime de retraite établi dans votre contexte ?

Au Canada[1]

De la fin du 19e siècle jusqu'au début du 20e siècle, la majorité des personnes âgées ne prenaient pas de retraite. Ils travaillaient à la ferme jusqu'à ce qu'ils n'en soient plus capables. À ce moment, ils devenaient dépendants de l'aide de leur famille. Certains, ne pouvant pas compter sur une aide familiale, s'adressaient aux œuvres de charité locales ou au bureau de bienfaisance publique qui offraient de l'aide souvent difficile à obtenir. D'autres devaient mendier.

Avec l'industrialisation et la migration urbaine du début du 20e siècle, la vie agricole et le principe de soutenir sa famille ont grandement disparu, laissant plusieurs aînés terminer leur vie dans des asiles pour les pauvres.

En 1908, le régime des Rentes sur l'État fut créé, mais ne répondait aucunement au besoin, car la majorité des gens ne pouvait y accéder. Ainsi, le désir de créer une aide pour les aînés était toujours d'actualité pendant les années 20. En 1924, un comité spécial fut nommé afin qu'il explore la possibilité de

1. *http://www.servicecanada.gc.ca/fra/services/pensions/sv/changements/age/index.shtml*

créer un régime de pension d'envergure nationale. Un projet a pris la forme de la Loi des pensions de vieillesse en 1927, à la suite de pressions provenant de différents acteurs.

En 1952, on vit l'introduction de la Sécurité de la vieillesse. Puis, en 1966, le Régime de pensions du Canada et le Régime de rentes du Québec apparurent. Ces deux régimes protégeaient contre la perte de revenu due à la retraite ou au décès. En 1967, c'est le Supplément de revenu garanti qui fut instauré pour réduire la pauvreté chez les aînés.

De 1965 à ce jour, plusieurs modifications ont été apportées à chacun de ces programmes d'aide gouvernementaux afin d'améliorer la qualité de vie des personnes âgées.

À partir d'avril 2023, l'âge d'admissibilité à la pension et aux prestations de la Sécurité de la vieillesse augmentera graduellement. Il passera de 65 à 67 ans pour la pension de la Sécurité de la vieillesse et le Supplément de revenu garanti. Il passera de 60 à 62 ans pour l'Allocation et l'Allocation au survivant.

Ces changements seront complètement mis en œuvre en janvier 2029. Les personnes qui reçoivent déjà la pension et des prestations de la Sécurité de la vieillesse et celles qui sont nées avant le 1er avril 1958 ne seront pas touchées par ces changements.

Aux États-Unis

En 1935, les États-Unis adoptèrent le premier régime général d'assurance sociale pour les salariés du privé. Ce régime couvrait les risques d'invalidité, de vieillesse et de décès. Cependant, à cette époque, seulement un faible pourcentage de travailleurs accédait à cette protection.

En 1968, les différentes formes de retraite complémentaire d'entreprise ou de syndicat couvraient environ 55 % des salariés du secteur privé.

Depuis les années 80, on remarque un débat sur l'avenir du régime général de sécurité sociale. Certains espèrent une privatisation de la sécurité sociale afin d'imiter les fonds de pension en capitalisation qui présentent des résultats financiers très positifs et afin d'encourager l'initiative privée et individuelle.

En France[2]

En France, les travailleurs partent à la retraite aux alentours de 60 ans (cet âge est progressivement relevé pour atteindre 62 ans pour la génération née en 1955). Des cas de départs anticipés existent cependant.

Pour les générations nées à partir de 1955, elles peuvent continuer à travailler jusqu'à 67 ans, âge de la retraite automatique à taux plein sans condition de durée de cotisation, dans la plupart des régimes.

Tous les régimes français de retraite obligatoire sont construits sur le système de retraite par répartition : les cotisations prélevées sur les salaires des travailleurs servent à payer les pensions des retraités actuels, les cotisants accumulant des droits à pension sous forme de points de retraite et de trimestres validés. L'inversion de la pyramide démographique implique un besoin en financement et une diminution du volume des pensions versées.

Le système peine à équilibrer ses comptes depuis les années 80 et le budget de l'État est sollicité pour combler le déficit, ce qui augmente le taux d'imposition total. Les générations du baby-boom arrivant à l'âge de la retraite, le besoin en financement va croissant.

De nombreux changements sont intervenus au 1er janvier 2015, suite à la réforme votée en 2014. Dès 60 ans, salariés et indépendants peuvent travailler à temps partiel en percevant de 30 à 70 % de leur pension.

Le cumul emploi-retraite est plus contraignant. Avant de reprendre un emploi, un assuré doit - sauf exceptions - cesser toute activité et liquider tous ses droits à la retraite à taux plein. Les assurés exposés à des conditions de travail difficiles peuvent partir plus tôt.

Les cotisations retraites des salariés, fonctionnaires et indépendants ont augmenté (de 0,05 à 0,4 point). Le calcul des cotisations pour la pension de base des professions libérales a aussi été réformé.

En Inde

Assurer un revenu aux personnes âgées est une question à laquelle ni le gouvernement indien ni les membres de la société civile n'ont accordé une attention suffisante. L'Inde a un système de sécurité sociale très limité et les particuliers sont souvent inconscients des risques qu'ils courent en ne plani-

2. *Référence : Février 2015* - Le Particulier *n° 1106.*

fiant pas leur retraite. Certains employeurs progressistes ont créé des régimes de retraite pour leurs salariés et cotisent régulièrement, mais un fort pourcentage des entreprises privées ne possède pas de tels dispositifs. Jusqu'à présent, aucun organisme du gouvernement central n'a promu le concept ni réglementé ces dispositifs.

En Afrique

La vie de retraités n'est pas de tout repos en Afrique de l'Ouest. La retraite perd chaque jour un peu plus de son caractère noble pour être perçue comme une fatalité, voire une sanction. Aller à la retraite rime dès lors avec condamnation à mort, alors que la retraite est l'aboutissement logique de décennies de travail. Il faut pouvoir céder la place sans pour autant perdre le goût de la vie.

Au Sénégal, on compte environ 118000 retraités, secteurs publics et privés confondus. Les retraités ont de plus en plus de mal à percevoir leurs pensions. Le Fonds national de retraite qui s'occupe des fonctionnaires à la retraite est au bord de la banqueroute, avec un déficit cumulé de six milliards.

On se rend compte de plus en plus que les actifs payent pour les retraités. Les économies évoluant, on a dû, à cause de la mévente des produits et la récession, arriver à une réduction des effectifs des travailleurs. De sorte qu'au niveau du privé, par exemple, on s'est retrouvé surnombre. Au total, les cotisations encaissées ne permettaient pas de faire face aux pensions de retraite.

La Côte d'Ivoire ayant opté pour un système de répartition, il faut que les cotisations soient versées pour qu'en théorie on puisse payer les retraités. Or, de ce point de vue, il y a problème. Les sociétés ne reversent pas toujours les cotisations prélevées sur le bulletin de leurs employés. En outre, on constate que certains retraités n'ont pas de reversement de leurs cotisations.

Les choses ne se présentent donc pas toujours sous de bons auspices tant pour les travailleurs que pour les retraités du secteur privé ou les sociétés parapubliques.

Moyen-Orient et Afrique du Nord

En moyenne, les travailleurs, à la fin de leur carrière, bénéficient d'une pension équivalant à 80 % de leur revenu avant le départ à la retraite. La crise du régime des retraites est souvent associée au vieillissement de la population, ce qui est trompeur. 60 % de la population est jeune, les régimes de retraite connaissent déjà des difficultés financières. Le problème est donc d'ordre structurel et non démographique.

Tous les pays ont des systèmes de retraite liés aux revenus, financés par répartition, et qui datent de la fin des années 60 et du début des années 70. Aucun changement n'a été apporté à la structure des systèmes depuis lors. En moyenne, ces systèmes assurent une couverture de 30 % de la population active, malgré ces niveaux de couverture relativement modestes et le fait que seuls 5 à 10 % des personnes âgées touchent une retraite.

En dépit des différences de structure démographique, tous les pays de la région ont en commun une population relativement jeune. Un accroissement rapide des rapports de dépendance économique des personnes âgées n'interviendra que d'ici 15 à 20 ans. Cependant, indépendamment du processus de vieillissement de la population, les systèmes de retraite se heurteront tôt ou tard à des problèmes. Le vieillissement futur de la population ne fera qu'aggraver la situation. La plupart des fonds de pension accumulent d'énormes engagements de retraite non capitalisés qui ne peuvent être soutenus et qui, en l'absence de réformes, devront être financés par les générations futures.

En Asie

Aujourd'hui, le système de pensions japonais connaît une crise en raison du vieillissement de la population japonaise. En effet, celle-ci sera dans 10 ans la population la plus vieille du monde. Une manière pour l'État de résorber l'écart entre retraités et population active serait de hausser les taxes de près de 40 %. Une autre solution viable consisterait en une libéralisation accrue du système.

La réforme est en cours au Japon, mais la faillite du système semble inéluctable aux yeux de l'opinion.

Royaume-Uni

Le Royaume-Uni a un système de retraite mixte composé d'une pension forfaitaire publique de faible niveau complétée, pour une partie des salariés, par des retraites professionnelles (fonds de pension) et, pour les autres, par un régime par répartition peu généreux ou par de l'épargne individuelle. Contrairement aux systèmes de retraite d'Europe continentale, le système britannique repose fondamentalement sur le libre choix.

Ce système est peu coûteux pour les finances publiques, mais il est source de pauvreté et d'inégalités, notamment entre les 40 % de salariés qui bénéficient de retraites d'entreprises à prestations définies et les autres.

En bref…

90 % de la population mondiale en âge de travailler n'est pas couverte par des régimes de retraite de nature à lui garantir un revenu suffisant. La mauvaise gestion d'une grande partie des régimes existants aggrave la situation et expose une large part de la population mondiale à la pauvreté durant la vieillesse. D'une manière générale, les régimes de retraite sont très faibles et en proie à de fortes pressions sur leurs trésoreries.

Ce qui ressort, c'est la nécessité de continuer à réduire la pauvreté, à éliminer le risque d'une chute rapide des niveaux de vie et à protéger les populations âgées vulnérables des crises économiques et sociales.

> Il peut être facile de porter un jugement sur notre situation lorsque nous avons une connaissance limitée. Après la lecture de la « retraite dans le monde », peut-être y a-t-il un changement de croyances de votre part, maintenant que vous en savez un peu plus sur la situation des retraités dans le monde ?

Définitions de la retraite

Selon le dictionnaire Larousse

- Action de se retirer de la vie active. État de quelqu'un qui a cessé ses activités professionnelles. Prendre sa retraite.
- Prestation sociale versée à quelqu'un qui a pris sa retraite.
- Point de retraite : unité de calcul des avantages d'assurance vieillesse.
- Éloignement momentané de ses occupations habituelles pour se recueillir, se préparer à un acte important ; lieu où l'on se retire.
- Action de se retirer d'un lieu

Selon le dictionnaire Robert

- État d'une personne qui s'est retirée d'une fonction, d'un emploi, et qui a droit à une pension.

– Mise à la retraite : décision qui met fin à l'activité d'une personne ayant l'ancienneté d'âge ou de services ou le taux d'invalidité requis par la loi pour l'allocation d'une pension.

Sur Internet

– L'action de se retirer d'un lieu ou d'une activité. Prestation sociale, pension versée à la personne qui a atteint l'âge d'arrêter le travail.
– Moment de recueillement, lieu où l'on se retire pour méditer, pour se reposer, pour se ressourcer...

Selon le dictionnaire usuel, Quillet Flammarion

– Obligation pour les fonctionnaires de se retirer du service.
– Pension de retraite : Rémunération annuelle qu'une administration accorde après un certain temps d'activité à ceux de ses agents qui remplissent les conditions d'âge requises.
– Éloignement momentané du monde pendant une période plus spécialement consacrée à des méditations et exercices de piété.

Votre retraite... en un mot !

Quel serait le meilleur mot qui conviendrait à votre perception de la retraite ? Au 21e siècle, la retraite serait-elle imprégnée d'un nouveau sens ?

La symbolisation de votre identité de retraité

Faire appel à des symboles pour communiquer votre identité de retraité invite votre inconscient à s'exprimer. Un symbole est l'image d'un concept qui représente une chose abstraite.

Dans le cas qui nous concerne, pour plusieurs, la retraite est une étape de vie abstraite, floue et encore confuse de ce qui est désiré. Ou encore, il y a ceux qui sont déjà à la retraite et qui restent avec un vide intérieur causé par le regret, l'insatisfaction.

Ce que nous souhaitons, c'est de vous initier, pour ceux qui ne l'ont jamais fait, à l'utilisation d'un symbole. Ce dernier aura comme fonction de décrire, figurer ou personnifier ce que vous désirez de la retraite. Nous voulons qu'il devienne un ancrage positif afin de vous maintenir dans des émotions positives lorsque vous l'imaginerez.

Inspirez-vous d'un objet ou d'une image pour représenter votre retraite. Que pourrait être le symbole incarnant le mieux votre vision de la retraite dans son ensemble ? Laissez votre intuition vous guider.

Le symbole par un objet ou une image pourra devenir une source d'inspiration pour votre nouvelle identité de retraité. Transposer les qualités physiques (forme, texture, poids, couleur…) par analogie dans le contexte de la retraite peut être très amusant et constructif.

Lorsque l'exploration sensorielle de cet objet ou de cette image représentant votre retraite sera complétée, vous aurez créé un enracinement positif de votre identité de retraité. Selon les auteurs Fèvre et Soto, dans leur Guide du praticien en PNL (Programmation Neuro Linguistique), l'ancrage se définit comme suit :

> *« Une ancre est un stimulus sensoriel externe ou interne associé à un état de l'organisme (manifesté par un état ou un processus interne ou même par un comportement externe), de telle sorte qu'une fois reproduit dans un contexte analogue, le stimulus les suscite par la suite automatiquement. Un ancrage ou l'action d'ancrer consiste à associer le stimulus à l'expérience à reproduire. »*

Un ancrage peut être positif ou négatif selon les événements ou les situations auxquels il est associé. Dans le cadre de ce guide, nous voulons utiliser l'ancrage comme un élément positif, inspiré de votre symbole. Ainsi, à la simple vue de votre objet ou de votre image, vous serez à nouveau en contact avec vos ressources internes, vos valeurs, vos forces et vos aspirations.

Afin d'illustrer nos propos, voici l'exemple de Janine, 58 ans, adjointe administrative.

L'objet choisi est l'**INUKSHUK** : empilade de pierre, il représente une forme humaine ; il est grand, solide, robuste et lourd ; il a une texture rugueuse ; transparence du verre ; inspirant.

Ce qui l'inspire dans cet objet
L'inukshuk sert de point de repère pour identifier la position d'une cache pour la nourriture. L'inukshuk sert aussi à marquer les limites d'un territoire. Il est un guide pour son peuple.

Par analogie
L'empilade de pierre représente pour elle chacune de ses forces intérieures. « Je possède toutes les ressources intérieures pour vivre une retraite heureuse. » (croyance). L'empilade représente également chaque étape de son processus vers son identité de retraité.

L'inukshuk choisi comprend 8 pierres, chacune représente pour elle les ressources ou valeurs importantes pour son identité de retraité :

1. Apprendre à dire « non » (comportement à intégrer)
2. Me respecter davantage (valeur « respect de soi »)
3. Être un guide pour ma famille (valeur « aide aux autres »)
4. Apprendre à prendre du temps pour moi (comportement à intégrer)
5. Apprendre à plus apprécier les petites choses de la vie.
6. Développer mon côté créatif (valeur « créativité »)
7. Découvrir de nouvelles cultures par le voyage (valeur « apprendre »)
8. Définir mes limites par rapport aux autres et respecter mes propres limites (valeur « respect de soi »)

Sa forme humaine lui rappelle qu'elle est d'abord un être humain avec ses forces et ses faiblesses, et qu'elle doit s'accepter sans jugement. Son cheminement l'autorise à apporter des changements nécessaires lorsque le besoin se fait sentir afin de poursuivre son évolution dans sa vie.

Sa grandeur lui permet de voir au loin afin d'avoir une vision plus panoramique de l'avenir. Donc, de décider aujourd'hui d'explorer les différentes éventualités qui s'offrent à elle.

Sa solidité et **sa robustesse** lui rappellent qu'une meilleure connaissance de soi et de sa situation générale (psychologique et financière) la rendra plus solide et robuste dans sa nouvelle identité de retraité.

La transparence lui indique également qu'au-delà d'elle et de sa vision du moment, il y a encore d'autres possibilités inconnues.

Sa lourdeur correspond parfois à son ressenti, lorsqu'elle songe à sa retraite. Elle a le besoin d'aller voir ses peurs afin de les apaiser et de ressentir plus de légèreté. C'est sa réalité et elle l'accepte. Mais du côté « lumière », son poids représente également l'influence positive qu'elle peut avoir autour d'elle.

Un objet inspirant : Elle souhaite être une guide d'abord pour elle-même puis également pour son entourage afin de ressentir la fierté d'être une retraitée. L'ensemble de l'objet représente un résultat complet ; elle a un sentiment d'accomplissement et que tout prend son sens.

Un symbole à votre image

Prenez quelques instants pour faire le tour de la maison afin de choisir un objet ou une image qui vous inspire. Laissez votre intuition vous guider vers cet objet. De préférence, choisir quelque chose que vous avez la possibilité de voir quotidiennement afin de créer un puissant ancrage avec votre identité de retraité souhaitée.

1. Inspirez-vous de l'objet choisi pour en faire une description complète en passant par les sens. Dans la spontanéité, décrivez votre objet sans questionnement mental. Laissez-vous porter par les mots et les images qui viennent de votre inconscient.

- **Visuel :** couleur, forme, grosseur, composition, grandeur
- **Kinesthésique** (toucher) : textures variées, doux, rugueux, rigide, souple, lourd
- **Auditif** (son) : si pertinent
- **Olfactif** (odeur) : si pertinent
- **Gustatif** (goût) : si pertinent

____

____

____

____

____

____

2. Qu'est-ce qui vous a amené à choisir cet objet ? Quelle inspiration vous suggère-t-il ?

____

____

____

____

____

____

____

3. Par analogie, en quoi cet objet vous parle-t-il de votre identité de retraité? Quels sont les critères que vous lui attribuez et qui créent les liens avec votre identité de retraité souhaitée? Comment parle-t-il de vos valeurs, vos croyances, vos forces et votre identité?

____

____

____

____

____

____

____

Prendre conscience de vos croyances

Selon les auteurs Fèvre, Servais et Soto, dans leur *Guide du maître praticien en PNL* (Programmation Neuro Linguistique), les valeurs se définissent comme suit: « Éléments de notre expérience en fonction de leur importance pour nous. Qu'ils semblent satisfaisants ou non, ces éléments nous permettent d'évaluer la réalité. » Toujours des mêmes auteurs, les croyances sont définies ainsi: « une opinion ou une conviction qui nous permet d'attribuer un sens aux événements extérieurs et à nos propres expériences. »

« Les croyances désignent ce que le cœur accepte et dont il est satisfait. »

Les croyances et les valeurs sont pour nous des filtres perceptuels. C'est-à-dire qu'ils déterminent pour une large part la façon dont nous appréhendons le monde extérieur. Chaque croyance et valeur sont essentiellement des généralisations qui excluent les exceptions. Par exemple, certains croient que prendre sa retraite rime avec maladie…

Devenir consciemment attentif à ce qui est considéré comme acquis ou présupposé permet de remettre en question la croyance/valeur concernée. Les croyances et valeurs constituent un puissant levier de changement. Elles ont un grand pouvoir sur la manière dont se passent les choses. Ce ne sont pas simplement des pensées, ce sont des instructions et de la connaissance de soi. La connaissance de soi favorise une meilleure communication de ses besoins aux autres. Les expressions utilisées nous révèlent souvent les croyances et les valeurs des gens. Les mots « pouvoir » et « ne pas pouvoir » sont un indice clair d'une croyance. Les mots « vrai » et « faux », « approprié » et « inapproprié », « bon » et « mauvais », « devrait » et « ne devrait pas », « important » et « sans importance » donnent une indication quant aux valeurs qu'on peut posséder.

Les croyances et les valeurs se développent au fil des ans et des expériences. Nous les acquérons par empreinte (même religion que la famille), par modélisation inconsciente (copier le comportement des autres ou de ce qui est accepté dans la société), par le retour d'informations (« feedback »), par des expériences répétitives (à force de le faire, on y croit) ou par référence (modèle social, exemple à suivre ou ne pas suivre). Il est tout à fait normal que les croyances et les valeurs changent avec le temps. Par exemple, pensez à une chose que vous avez cru et à laquelle vous ne croyez plus. Qu'est-ce qui a provoqué ce changement de croyance? Les croyances peuvent être aidantes dans la vie d'une personne, mais elles peuvent aussi être limitantes.

Quand on croit à une chose, on agit de manière à confirmer notre croyance. Ces croyances limitantes proviennent de ce que nous croyons être possible ou non. Quelles croyances fonctionnent bien pour vous? Lesquelles desservent vos intérêts? Si vous avez arrêté de croire à quelque chose, que s'est-il passé pour que cela se produise? Que faudrait-il pour que ça change?

Vous connaissez l'histoire de la petite fille qui demande à sa mère: « Maman, pourquoi coupes-tu le jambon en deux avant de le faire cuire? » « Parce que ma mère le faisait ainsi » répondit la maman de la petite fille... En reculant dans l'histoire de la grand-mère et de l'arrière-grand-mère, la petite fille apprit que c'était tout simplement parce que le chaudron de celle-ci était trop petit pour y déposer le jambon en entier...

Pourquoi se questionner sur nos croyances? Afin de faire un choix conscient de ce qui convient et ne convient plus à notre nouvelle vie. Il est possible de modifier, transformer, éliminer certaines croyances qui jusqu'à maintenant étaient présentes dans votre vie, sans pour autant être aidantes ou en accord avec votre identité.

Croyances en tant que retraité

Dans la panoplie de croyances existantes, celles-ci auront des enjeux plus ou moins grands selon le contexte. C'est d'ailleurs ce qui déterminera les résistances possibles à arriver à la retraite selon que ces croyances sont aidantes ou limitantes.

Si vous avez la croyance qu'à la retraite vous serez inutile pour la société et serez un boulet pour vos enfants, il y a de fortes chances que cette croyance vous limite dans vos perspectives d'avenir beaucoup plus que si vous croyez être un support important pour vos petits enfants. Quoique cette option pourrait être lourde à porter et devenir une croyance limitante... Mais dans la perspective où vous occuper de vos petits enfants est un souhait, cette croyance sera sans aucun doute aidante.

Croyances au sujet des relations entre amis ou collègues de travail en tant que retraité

Dans l'optique d'un retraité, comment croyez-vous que vos relations auront évolué? Aurez-vous l'impression de perdre toute forme de vie sociale avec vos anciens collègues de travail? Peut-être est-ce aussi ce que vous désirez... Si vos amis sont encore sur le marché du travail, êtes-vous inquiet de vous ennuyer, de vous sentir seul?

Il est primordial à cette étape de faire des constats sans jugement ou appréhension. Le but de ce guide n'est-il pas de mettre au grand jour ce qui est présent, mais enfoui en soi afin de trouver des pistes de solutions?

Croyances au sujet de l'argent à la retraite

Que pensez-vous de votre situation financière? À la retraite, avez-vous, voire la conviction que vous aurez la sécurité monétaire désirée? Quelle place prend ce à quoi vous croyez au regard de cet élément? Soyez honnête! Surtout, prenez le temps de bien voir si les croyances que vous possédez, en lien avec l'argent à la retraite, sont des croyances qui vous appartiennent ou si elles proviennent de conditionnements produits par les médias, votre planificateur financier, votre banquier ou autres.

Croyances au sujet des gouvernements par rapport à la retraite

Certaines personnes s'estiment chanceuses de vivre dans un système aussi facilitant que le nôtre. D'autres à l'inverse affirmeront que ce qui leur revient n'est qu'un dû. Pessimiste de l'avenir, heureux de pouvoir profiter du système capitaliste, chacun a sa propre interprétation de sa vision de retraité en lien avec ce que le gouvernement offre aux retraités. Où vous situez-vous?

Croyances au sujet du temps à la retraite

Vous avez peur de manquer de temps à la retraite ou, au contraire, avoir enfin du temps est votre motivation à la retraite ? Peut-être est-ce aussi un aspect angoissant d'avoir trop de temps... En vieillissant, certains disent que le temps passe trop vite. Aussi, le temps devient précieux. Pour vous, qu'en est-il ?

Croyances à propos de vos capacités physiques et psychologiques à la retraite

Les capacités physiques et psychologiques signifient-elles pour vous d'être en mesure de skier quatre fois par semaine ou simplement vaquer en toute autonomie à vos occupations quotidiennes ? Certains évalueront leur capacité psychologique par leur équilibre psychologique, tandis que pour d'autres, ce sera par le détachement émotionnel.

Il n'y a pas de bonnes ou de mauvaises réponses. Chacun possède son vécu, ses expériences, ses perceptions. Le point de référence vient de vous vers vous. Soyez réaliste et confortable avec ce qui vous ressemble. On ne peut être ce que nous ne désirons pas être. Il se peut que votre tête se dise rationnellement qu'avoir une bonne capacité physique devrait se refléter par de l'activité physique qui dure au moins 30 minutes par jour. Si telle est votre croyance, demandez-vous si vous le ressentez réellement ou si cela vient plutôt de : « il faudrait que... ». Vous aurez votre réponse.

Croyances à propos de la santé à la retraite

« Vaut mieux prendre sa retraite pendant qu'on est en santé ! » Est-ce votre croyance ? Vaut peut-être mieux prendre soin de sa santé pour bien vivre sa retraite. Pensez-vous plutôt que retraite rime avec maladie ? On entend à tort ou à raison une multitude de théories reliées au vieillissement. C'est bien souvent à partir de celles-ci que nos croyances par rapport à la santé se forgent.

Différences entre les sexes

En 2001, l'espérance de vie à la naissance pour la France métropolitaine était de 75,5 ans pour les hommes et de 82,9 ans pour les femmes. Les femmes pouvaient s'attendre à vivre 7,4 ans de plus que les hommes. Cet écart s'est rétréci avec le temps et correspondait à 6,6 ans en 2011.

Espérance de vie...

Année	à la naissance Hommes	à la naissance Femmes	à 60 ans Hommes	à 60 ans Femmes
2004	76,7	83,9	21,5	26,5
2005	76,8	83,9	21,5	26,4
2006	77,2	84,2	21,8	26,8
2007	77,4	84,4	21,9	26,9
2008	77,6	84,4	22,0	26,9
2009	77,8	84,5	22,2	27,0
2010	78,0	84,7	22,4	27,1
2011	78,4	85,0	22,7	27,4
2012 (p)	78,5	84,8	22,6	27,2
2013 (p)	78,8	85,0	22,8	27,3
2014 (p)	79,3	85,5	23,2	27,7

Légende: (p) = provisoire[3]

Portrait international

Des données récentes sur les pays développés ont indiqué que le Japon affichait l'espérance de vie à la naissance la plus longue, soit 86 ans pour les femmes et 80 ans pour les hommes. Ensuite suivrait l'Espagne avec 85,3 ans pour les femmes et 79,2 ans pour les hommes. La France quant à elle se situerait au 3e rang avec une espérance de vie à la naissance de 84,8 ans pour les femmes et 78,1 ans pour les hommes.

Espérance de vie à la naissance

	Hommes	Femmes
Europe		
Allemagne	78,2	83,1
Autriche	78,5	83,5
Belgique	77,9	83,0
Bulgarie	69,9	77,2
Danemark	77,2	81,4

3. Source: Institut national d'études démographiques, France, site visité le 28 août 2015. Disponible sur http://www.ined.fr/fr/tout-savoir-population/chiffres/france/mortalite-cause-deces/esperance-vie/

	Hommes	Femmes
Espagne	78,8	85,2
Estonie	68,9	79,5
Finlande	77,3	83,6
France	78,2	85,1
Grèce	78,3	83,0
Hongrie	70,4	78,5
Irlande	78,4	82,7
Italie	79,5	84,9
Lettonie	66,6	77,5
Lituanie	66,0	78,1
Norvège	79,3	83,5
Pays-Bas	78,9	82,8
Pologne	72,2	80,5
Portugal	76,8	82,8
Rép. tchèque	74,5	80,6
Roumanie	70,2	77,4
Royaume-Uni	78,5	82,4
Russie	61,7	74,3
Slovaquie	71,5	79,2
Suède	79,7	83,8
Suisse	80,1	84,9
Afrique		
Afrique du Sud	54,9	59,1
Congo (République démographique du)	48,1	51,6
Égypte	68,7	73,5
Kenya	59,7	63,5
Nigeria	52,0	52,6
Soudan	60,2	63,8
Tanzanie	60,0	62,7
Amérique		
Argentine	72,5	79,8

	Hommes	Femmes
Brésil	70,2	77,5
Canada	79,3	83,5
Colombie	70,3	77,6
États-Unis	76,4	81,2
Mexique	74,9	79,7
Asie		
Bangladesh	69,8	71,3
Chine	74,0	76,6
Inde	64,6	68,1
Indonésie	68,7	72,8
Japon	80,0	86,9
Pakistan	65,6	67,4
Philippines	65,3	72,2
Océanie		
Australie	80,2	84,7
Nouvelle-Zélande	79,1	82,9
Papouasie-Nouvelle-Guinée	60,3	64,5

Les données de ce tableau sont issues de projections pour la période de 2010 à 2015[4]

Croyances au sujet de la famille à votre retraite

Le ou la conjoint(e)... les enfants... les petits enfants... Tant de disponibilité grâce à la retraite capte les antennes des proches ! Vous savez pertinemment ce que vous désirez comme scénario avec votre famille durant la retraite. Intrinsèquement, est-ce que vous l'envisagez tel que vous y croyez ?

Croyances au sujet de votre retraite avancée dans le temps

En allant encore un peu plus loin, il est possible de s'imaginer à la retraite dans 5 ou 10 ans... Comment croyez-vous qu'elle sera ?

4. Source : ONU (World Population Prospects: The 2012 Revision)

Avez-vous la croyance que vous serez probablement en perte d'autonomie et un fardeau pour votre famille ? Pensez-vous qu'en prenant votre retraite le plus tard possible, vous ralentirez le processus de vieillissement ? Est-ce que la retraite équivaut à la maladie, la vieillesse et la perte d'autonomie ?

Croyances en lien avec la spiritualité à la retraite

Est-ce que retraite correspond à sagesse ? Y voyez-vous un lien avec la spiritualité ? Celle-ci pouvant être synonyme de religion, de force supérieure, de foi, de mission de vie, etc. selon la perception de chacun.

Croyances que la société véhicule au sujet des retraités

En tant que membre à part entière de la société et côtoyant des retraités, que croyez-vous que la société pense des retraités ? Y a-t-il certains préjugés véhiculés qui vous rebutent à porter l'étiquette de « retraité » ?

Réflexions sur vos croyances

L'exercice de réflexion qui suit sur vos croyances vous permettra de vérifier les croyances dont vous disposez à différents niveaux. Ce n'est pas d'aujourd'hui que vous envisagez, imaginez et pensez à votre retraite. Certaines idées préconçues peuvent faire partie de vous depuis longtemps.
Permettez-vous sans jugement de mettre sur papier les différentes croyances qui se sont forgées au fil des années. Accueillez simplement ce que vous constatez avec douceur, amour et compassion. Laissez-vous surprendre par vos réponses.

À chaque énoncé, mettre un « A » si cette croyance est aidante et un « F » si elle vous freine.

1. Énoncez trois croyances à votre sujet en tant que « retraité »

(...)____________________________________

(...)____________________________________

(...)____________________________________

2. Énoncez trois croyances au sujet des relations (collègues de travail/amis) à la retraite.

(...)____

(...)____

(...)____

3. Énoncez trois croyances au sujet de l'argent à la retraite.

(...)____

(...)____

(...)____

4. Énoncez trois croyances au sujet des gouvernements par rapport à la retraite.

(...)____

(...)____

(...)____

5. Énoncez trois croyances au sujet du temps. Comment ce temps passé au travail sera-t-il maintenant utilisé, par un nouveau travail, du bénévolat ou devenir aidant naturel, etc. ? Imaginez-vous dans 5, 10, 15 ou même 20 ans. Qu'en est-il de la notion du temps ?

(...)____

(...)____

(...)____

6. Énoncez trois croyances au sujet de vos capacités physiques, psychologiques, cognitives, en lien avec la retraite.

(...)____

(...)____

(...)____

7. Énoncez trois croyances au sujet de votre santé.

(...)__________

(...)__________

(...)__________

8. Énoncez trois croyances au sujet de votre famille (conjoint, enfant, frère, sœur; dépendance, indépendance ou autonomie, vos attentes par opposition à leurs attentes)

(...)__________

(...)__________

(...)__________

9. Énoncez trois croyances au sujet de votre future retraite ou encore des 10 prochaines années...

(...)__________

(...)__________

(...)__________

10. Énoncez trois croyances au sujet de la spiritualité. Quel espace peut occuper la spiritualité à la retraite?

(...)__________

(...)__________

(...)__________

11. À votre avis, énoncez trois croyances que la société véhicule au sujet des retraités.

(...)__________

(...)__________

(...)__________

Et puis… Y a-t-il certaines de vos croyances qui vous semblent plus pessimistes, négatives ? Si tel était le cas, auriez-vous besoin de changer ces perceptions afin de mieux aborder votre retraite ?

« La vie n'a de valeur que si elle est un feu sans cesse renaissant. »
Pierre Vallery-Radot

Scène 2
Vos valeurs

Vos étapes de vie

À travers les différentes étapes de vie, les valeurs les plus profondes peuvent se modifier parfois consciemment, mais le plus souvent inconsciemment. Malheureusement dans notre société, le rythme de vie accéléré ne permet pas toujours un temps d'arrêt pour soi afin de faire le point et de s'assurer qu'on est toujours de concert avec notre identité. D'autant plus que la société ou nos proches ne perçoivent pas toujours bien la notion de « prendre du temps pour soi ».

Apprendre à se respecter, dans son rythme de changements, démontre un grand respect envers soi. À ne pas confondre avec les peurs qui vous empêchent d'avancer ou qui vous justifient dans l'inaction. Le meilleur moyen de le savoir est d'apprendre à écouter vos émotions. Elles sont vos plus grandes alliées. Vos émotions vous parlent à chaque instant, elles sont la source de votre enseignement. Une fois que la prise de conscience de l'émotion présente en soi est faite, celle-ci aura tendance à se calmer en intensité, dans le cas d'un mal-être et, heureusement, elle s'intensifiera en bien-être dans le cas d'une émotion positive.

Tout d'abord, il est essentiel de bien différencier vos valeurs et vos qualités.

Une valeur se différencie grandement d'une qualité par son importance et son impact dans vos prises de décision et vos actions. **L'intention profonde d'une valeur est de permettre la complète expression de notre identité et est facilement observable dans notre vie. Nos valeurs sont présentes dans tous les aspects de notre vie, que ce soit au travail, à la maison ou dans nos activités.** L'identification de vos valeurs favorise la connaissance de soi et la compréhension de vos agissements.

C'est ainsi que vous arriverez à susciter des changements de comportement dans votre vie afin de développer votre reconnaissance et la confiance en vous.

Une qualité s'exprime, de temps en temps, selon les circonstances. La qualité est une couleur de votre personnalité. La reconnaissance de vos qualités augmente votre niveau d'estime de soi.

Afin de faciliter la compréhension, voici un exemple: vous pouvez détenir la QUALITÉ d'être efficace au travail; vos dossiers sont classés, vous minimisez vos déplacements, vous maximisez votre temps… vous êtes efficace. Par contre, dans votre vie à la maison, vous laissez plus d'espace à la désorganisation… vous profitez de ce moment pour la détente.

Par contre, si vous possédez la VALEUR EFFICACITÉ, elle se généralise dans tous vos comportements comme un principe de vie fondamental. Même dans votre discours, vous retrouvez des expressions comme: « Soyons efficaces! » ou « Et si nous faisions les choses comme ceci ou comme cela… ça serait plus efficace! »

Témoignage

« J'ai découvert dernièrement dans mon travail que certaines valeurs, qui sont importantes à mes yeux depuis plusieurs années ou même depuis toujours, n'ont pas fait partie de mon quotidien et je n'ai pas été capable de les intégrer au travail par peur ou à cause de jugements qu'on pourrait porter envers moi. »

« Je réalise qu'il y a des valeurs qui sont importantes et présentes dans d'autres domaines de ma vie en général, mais pas au travail! Est-ce pour cela que je ne suis pas heureuse à mon travail et que je suis heureuse en général dans ma vie? »

En lien avec ce témoignage, nous constatons qu'il y a des signaux internes qui indiquent à cette personne qu'elle est malheureuse au travail. Observez-vous dans différentes sphères de votre vie. Sachez que les signaux internes se manifestent de plusieurs façons : malaise ou vide intérieur, irritabilité, frustration, colère, épuisement physique ou psychologique. Vous reconnaissez-vous dans ce témoignage ?

Rappelez-vous…

Afin de faciliter l'introspection, passez en revue votre vie lors de périodes charnières. Prenez le temps de vous revoir dans différentes situations, de vous remémorer votre discours interne et de reprendre contact avec vos émotions.

Vous êtes-vous déjà demandé : qui suis-je ? Qu'est-ce que je veux maintenant ? Chacune des périodes de la vie suscite son lot de questionnements, elles arrivent souvent avec des bouleversements de valeurs qui peuvent amener de la frustration et de la confusion. C'est à ce moment-là qu'un changement s'impose.

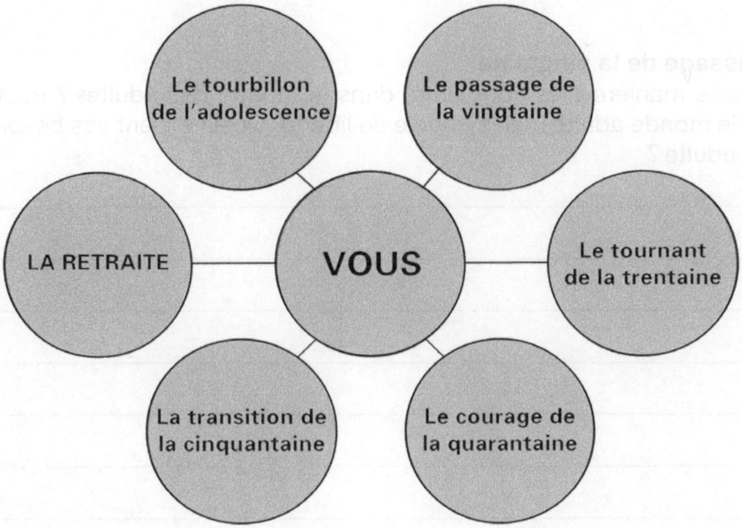

Le tourbillon de l'adolescence

Explorez vos rêves d'adolescence. Souvenez-vous de ce que vous revendiquiez… vos contestations devant l'autorité parentale. Ces souvenirs peuvent-ils vous inspirer ou vous remettre en contact avec votre identité, certains de vos besoins et certaines de vos valeurs ? Par exemple, vous étiez peut-être un artiste dans l'âme, mais vos parents ne vous ont jamais encouragé à poursuivre dans cette sphère d'activité parce que, selon eux, il n'y avait pas d'avenir ou de sécurité financière dans ce domaine. C'était leurs propres croyances qui parlaient. Mais aujourd'hui, aimeriez-vous accorder du temps à votre créativité ? Quels étaient vos besoins d'adolescent ?

Le passage de la vingtaine

De quelle manière êtes-vous entré dans le monde des adultes ? Pour certains, le monde adulte était symbole de liberté. Quels étaient vos besoins de jeune adulte ?

Le tournant de la trentaine
La trentaine se déroule souvent en tourbillon rapide et en course effrénée (famille, conjoint ou conjointe, travail, etc.). Aviez-vous des besoins qui vous semblent ne pas avoir été comblés ? Quels étaient vos besoins de ce moment ?

Le courage de la quarantaine
La quarantaine est une grande période de remise en question. Le regard se pose sur le passé… et le futur, avec une certaine appréhension et un sentiment de ne plus vouloir poursuivre de la même façon… Quels étaient les besoins à la quarantaine ?

La transition de la cinquantaine
Pour certains, ils ont réfléchi à la retraite, pour d'autres, elle apparaît encore loin. Certaines actions commencent à se mettre en branle en lien avec la préparation à la retraite. Que vous soyez à y penser ou à la voir encore loin devant, quels sont vos besoins en tant que quinquagénaire ?

La retraite
Qu'est-ce que les différentes étapes de votre vie ont à vous transmettre comme message pour votre retraite ? Certains besoins comblés ou non feront-ils partie de votre objectif de retraite ? Quels sont vos besoins de retraités en faisant une rétrospective de votre vie ?

Valeurs de la société

Observez certaines valeurs qu'accorde généralement la société, comme la « reconnaissance professionnelle ». Dans le cas où, comme travailleur actif, vous avez accordé la plus grande partie de votre vie à votre métier, vous risquez d'aborder la retraite avec beaucoup de résistance, par exemple : avoir un titre important, un salaire bien au-dessus de la moyenne, être impliqué dans des conseils d'administration ou associations sportives, etc. Avez-vous accepté cette valeur inconsciemment ? Si vous vous reconnaissez par ces propos, est-ce que vous pourriez faire un choix différent maintenant ?

Valeurs religieuses

À travers les siècles, les valeurs religieuses ont influencé la conscience collective. Prendre du temps pour soi, par exemple, a souvent été considéré comme de l'égoïsme par certaines religions, engendrant un sentiment de culpabilité. Cela vous rappelle quelque chose ? Comment cela se reflète-t-il dans votre échelle de valeurs ? Est-ce que dans l'échelle de vos valeurs vous placeriez le « respect des autres » avant le « respect de soi » ?

Aujourd'hui, au 21e siècle, nous vivons dans l'instantané. Nous recevons les nouvelles en direct du monde entier, mais qu'en est-il de notre contact avec nous-mêmes ? Et vous, quelles sont les dernières nouvelles, vous concernant, que vous aimeriez transmettre en direct au monde entier ?

Sans vouloir généraliser, les gens réfléchissent et constatent, mais n'entrent pas toujours en action. Être dans l'action, apporter les changements nécessaires à son bien-être comporte une période d'inconfort, de malaises et même de conflits. Aux lueurs de ces inconvénients, plusieurs baissent les bras plutôt que d'affronter les changements. Au risque de devenir victimes de leurs propres choix, certains préféreront rester passifs.

Aujourd'hui, vous êtes libre de choisir ce qui vous convient.
N'est-ce pas un sentiment extraordinaire,
rempli de promesses et de possibilités ?

Faire un choix volontaire et conscient des valeurs que vous souhaitez ajouter à votre nouvelle identité de retraité est, à notre avis, le plus beau cadeau que vous puissiez vous offrir. C'est également un apport important à l'épanouissement d'une retraite réussie empreinte de joie et de bonheur. Sélectionnez ce qui est propre à votre essence plutôt que ce qui appartient à votre éducation ou à la société. Si vous choisissez de conserver certaines valeurs de la société, de votre éducation ou de votre religion, faites-le en toute connaissance de cause. Il n'y a pas de bonnes ou de mauvaises valeurs, l'important c'est qu'elles vous représentent dans votre identité de retraité. Ayez le sentiment de les choisir volontairement.

En consultation, nous observons que la connaissance de ses valeurs améliore la compréhension de soi et, par le fait même, l'estime de soi ainsi que la confiance.
Également, la connaissance de ses valeurs permet de mieux exprimer ses besoins.
Les prises de décision deviennent plus faciles puisque vos actions et vos valeurs sont cohérentes à vos yeux.

Les différentes valeurs

Les éléments suivants sont inspirés du livre « Je suis comme je suis » d'Isabelle Nazare-Aga, dans lequel elle définit les différentes valeurs. Riches d'information, la connaissance de ses valeurs et l'écoute de ses besoins forgent l'identité. La connaissance de soi améliore ensuite la communication avec les autres. Dans le cadre actuel, nous avons résumé les descriptions puisque cette étape fait partie d'un ensemble d'outils proposés dans l'élaboration de votre préparation à votre identité de retraité. Nous tenons à souligner le travail d'Isabelle Nazare-Aga qui nous a fortement inspirées et guidées dans nos consultations de coaching.

Réflexions sur vos valeurs

Afin de faciliter votre questionnement intérieur, nous vous proposons une description des valeurs ainsi que le besoin engendré par celles-ci. Nos valeurs ne se situent pas au même niveau que nos qualités ou nos savoir-faire. Les 56 valeurs décrites ci-dessous vous amènent à réfléchir quelque peu aux différentes nuances qui existent entre elles.
Prenez d'abord le temps de lire consciencieusement la liste. Imaginez comment chaque valeur peut s'inscrire dans votre nouveau quotidien en tant que retraité. Demandez-vous ceci : si votre mode de vie en était totalement imprégné, que se passerait-il ? Soyez le plus sincère possible.

Accomplissement

L'accomplissement est le résultat de l'action de s'accomplir. Vous êtes fortement motivé pour achever votre tâche, pour mener à bien l'objectif que vous avez fixé afin de ressentir la satisfaction, le plaisir et la fierté d'avoir achevé quelque chose. Vos objectifs sont réalistes et réalisables, vous faites des listes de tâches afin de ressentir le plaisir d'avoir accompli le tout comme prévu. Ce sentiment plein de richesses est important pour développer l'estime de soi.

➢ *Besoins d'estime*

Aide aux autres

Vous êtes déjà soignant, infirmier, psychothérapeute... Si ce n'est pas votre métier, vous êtes sûrement engagé dans des associations d'aide, de bénévolat, d'aidant naturel ou autre. C'est une vocation ou même une mission de vie.

➢ *Besoins d'appartenance et de reconnaissance sociale*

Cette valeur, qui est fort bien vue dans notre société et surtout par l'éducation religieuse, peut amener la personne à l'épuisement en adoptant le syndrome du « sauveur ». Soyez vigilant, il serait intéressant d'équilibrer vos besoins en ajoutant la valeur « respect de soi » dans vos choix, afin de vivre en plus grande harmonie. Le besoin d'être reconnu par votre entourage ou par la société est très important.
Nous observons en consultation que la reconnaissance sociale apporte son lot de déceptions, surtout lorsque les attentes sont élevées, ce qui peut entraîner des sentiments de tristesse, d'abandon, de frustration et même de colère.
Vous reconnaître d'abord vous-même (Soi), la personne extraordinaire que vous êtes, n'est pas toujours évident, nous en convenons, mais cela donne accès à une plus grande paix intérieure.

Amitié

Votre réseau d'amis est très important pour vous. Vous êtes fidèle en amitié. Vous nourrissez vos relations par un contact régulier même si c'est seulement par téléphone. Vous organisez des repas, des activités, des vacances, etc. Vos amis peuvent compter sur vous, vous êtes présent. Vous tenez plus à l'amitié qu'à l'amour d'un seul conjoint ou d'une seule conjointe. Vous ne supportez pas la trahison, mais vous pouvez pardonner. Vos amis font intégralement partie de votre vie, ça va tout simplement de soi.

➢ *Besoins d'appartenance et de reconnaissance sociale*

Amour

L'amour dans le contexte de valeur est beaucoup plus qu'un sentiment. Il est l'inspiration de vos actions et de vos décisions. Vous vous dites peut-être : « Que choisirait l'amour dans cette situation ? » L'amour est plus que tout, vous transpirez l'amour et le diffusez autour de vous. Vous êtes chaleureux, compatissant et n'avez aucune pensée négative envers les autres.

➢ *Besoins d'autoréalisation*

> Soyez rassuré, même si vous ne choisissez pas cette valeur, cela ne signifie pas que vous ne croyez pas en l'amour ou qu'il est absent dans votre vie. Votre capacité d'aimer et d'être aimé est une ressource intérieure présente en vous qui va de soi.

Apprendre

Apprendre est une valeur d'action. C'est un moyen pour atteindre un but qui vous apportera du plaisir. Toutes les situations de vie sont des sources d'apprentissage, que ce soit au niveau intellectuel, personnel ou même spirituel. Vous êtes curieux de nature, tout vous intéresse, c'est une nourriture quotidienne.

➢ *Besoins de sécurité*

Argent

L'argent vous obsède. Travailler, gagner et recevoir beaucoup d'argent est votre objectif principal. L'argent alimente toutes vos conversations. Vous achetez des objets luxueux ou, au contraire, vous vivez en « simplicité volontaire » pour ne pas dépenser cet argent. Vous n'êtes pas très généreux avec vos proches.

➢ *Besoins de sécurité et besoins d'appartenance et de reconnaissance sociale*

Authenticité

Être profondément authentique, c'est être vrai avec soi et avec les autres, sans se préoccuper des avantages et des inconvénients que cela comporte. Vous n'évitez pas les conflits, vous n'êtes pas timide, vous êtes tout simplement vrai et totalement sincère. Vous avez une facilité d'exprimer vos besoins, vos sentiments, vos opinions et vos décisions. Vos propos sont clairs.

➢ *Besoins d'estime*

> Soyez vigilant. Vous êtes parfois trop spontané ? Vous n'êtes pas nécessairement diplomate ? Vous pouvez apprendre à le devenir grâce à votre expérience de vie et la sagesse de l'âge !

Autonomie

Contrairement aux valeurs « liberté » et « indépendance », vous vous accommodez très bien d'un cadre, à condition qu'il ne soit pas trop rigide et qu'il permette une certaine liberté d'action. Vous êtes salarié, femme au foyer ou cadre, vous êtes autonome dans vos tâches et vos horaires.

➢ *Besoins d'estime*

Aventure

Vous affectionnez particulièrement l'indépendance ou la liberté totale. On dit de vous que vous êtes anticonformiste. Vous privilégiez un métier ou des activités qui vous permettent l'exploration et les découvertes. Vous êtes un passionné de culture, tout vous intéresse. Vous refusez totalement la routine.

➢ *Besoins d'autoréalisation*

Bien-être

Le bien-être apporte une sensation agréable enrichie d'un sentiment de quiétude. Les sentiments d'inquiétude, d'anxiété, de colère ou de tristesse qui imprégnaient votre quotidien font enfin partie du passé. Vous prenez soin de vous. Votre bien-être ne se vit pas seulement à travers le confort, mais avec les choix des lieux, des personnes, des activités ou des horaires pour le ressentir en vous. Vous reconnaissez le bien-être, car vous avez bien connu le mal-être. Vous appréciez chaque moment de bien-être. Vous ne supportez plus la souffrance.

➢ *Besoins d'estime*

Bonheur

Le bonheur est un sentiment vivement recherché par plusieurs. Vous êtes une personne heureuse et vous le dites ! Le sentiment de plénitude est présent dans votre cœur. Les choses simples de la vie vous apportent du bonheur. Votre vision du monde est positive. Votre reconnaissance envers la vie et votre conscience de votre environnement vous réjouissent. Même dans les moments plus difficiles, vous savez que la perte du contact avec le bonheur est temporaire et simplement liée à la situation que vous vivez.

➢ *Besoins d'autoréalisation*

Lorsque l'être humain est en accord avec ses valeurs, cela le conduit indéniablement au bonheur… Voilà notre croyance. Avez-vous envie de vérifier ?

Communication

Communiquer est un besoin indéniable de partager. C'est une valeur compatible à l'amitié et à la complicité. Vous communiquez clairement vos idées sans timidité même que parfois, on peut avoir du mal à vous arrêter. Vous êtes une personne sociable et aimable.

➢ *Besoins d'appartenance et de reconnaissance sociale*

Complicité

Lorsque vous possédez cette valeur, vous n'êtes pas beaucoup entourée contrairement à l'amitié. Vous avez tendance à privilégier des relations amicales exclusives… avoir de « vrais » amis. Vous recherchez cette complicité avec votre amoureux, vous êtes fusionnel. Vous aimez comprendre l'autre par un simple regard.

➢ *Besoins d'appartenance et de reconnaissance sociale*

Confort

Votre foyer est agréable et douillet. Votre cuisine et votre salle de bains sont munies de tous les accessoires pratiques et utiles au quotidien, vous ne manquez de rien. Même en camping, vous vous organisez comme à la maison afin d'avoir le nécessaire pour vous procurer du confort. Le choix de vos vêtements, accessoires et chaussures est influencé par le confort.

➢ *Besoins d'estime*

Conscience

Vous êtes conscient de vos comportements, même après coup. Vous êtes conscient de vos émotions et de leur intensité. Vous êtes conscient de vos pensées, de vos sentiments, de votre dialogue interne et de vos questionnements. Vous pratiquez sûrement des techniques d'éveil de la conscience, telles que la respiration, la relaxation, la méditation… Vous êtes au moins honnête avec vous-même. Vous êtes conscient de vos valeurs fondamentales, plus facilement que votre entourage.

➢ *Besoins d'autoréalisation*

Vous avez tous une part d'inconscience sans toutefois demeurer des êtres inconscients. En étant conscient de vos parties inconscientes, vous devenez inévitablement plus conscient.

Contrôle

Cette valeur est marquée par le besoin fondamental de tout maîtriser dans votre propre vie, et aussi dans celle de vos proches. Vous êtes rigoureux et fiable dans votre engagement lorsque vous organisez quelque chose.

Vous déléguez peu. Vous exécutez beaucoup de choses vous-même, que ce soit les tâches ménagères ou les tâches reliées au travail. Vous vous assurez que votre personnel suit les procédures relatives à leur travail. En vacances, vous anticipez les itinéraires, les visites et toutes les étapes du voyage. L'incompétence vous exaspère.

➢ *Besoins de sécurité*

Créativité

Vous aimez créer quelque chose de vos mains en utilisant votre imaginaire. Vous avez probablement une facilité avec plusieurs approches artistiques. Pour d'autres, la créativité se manifeste par l'originalité dans les histoires racontées ou encore par le plaisir de faire des présentations professionnelles vivantes et innovatrices.

➢ *Besoins d'autoréalisation*

Certains, se percevant comme des êtres rationnels, empêchent la créativité. Pourtant, chacun possède la faculté de créer. La créativité n'est pas nécessairement associée au domaine artistique. Soyez original !

Découvrir

Découvrir, c'est plus que de la curiosité. Vous vivez pour découvrir de nouvelles choses chaque jour. Vous êtes réfractaire à la routine. Vous aimez aller vers l'inconnu et vers les inconnus.

➢ *Besoins d'autoréalisation*

Écologie-nature

Cette valeur tend à être de plus en plus présente pour l'individu conscient des difficultés que vit notre planète bleue. C'est un réel phénomène social. Vous aimez la nature et vous y habitez. Vous participez à des manifestations. Vous faites le tri sélectif de vos ordures ménagères. Vous transmettez à vos enfants le respect absolu de la nature. Vous respectez l'environnement et ne jetez aucun papier par terre.

➢ *Besoins d'estime*

Efficacité

Lorsqu'élevé au niveau des valeurs, vous êtes obnubilé par l'efficacité en tout, que ce soit dans la lecture, l'écriture, l'écoute, la marche, la nourriture, etc. Être efficace ne vous demande aucun effort, vous êtes très organisé, vous respectez vos échéanciers. Tout fonctionne bien et vous en êtes très fier.

➢ *Besoins d'estime*

Esthétisme

Il est possible que vous ayez la qualité d'apprécier la beauté. Toutefois, au rang de valeur, l'esthétisme se définit par un raffinement de votre environnement et une harmonie visuelle artistique. Vous êtes particulièrement observateur, vous remarquez la beauté des objets ou des personnes, mais aussi, vous percevez les discordances. Vous faites un choix conscient des couleurs ainsi que des matières.

➢ *Besoins d'autoréalisation*

Quelles que soient les valeurs qui sont importantes à vos yeux, elles ne sont ni bonnes ni mauvaises. Elles portent les couleurs que vous leur donnez. À certains moments, se retrouvant intenses, et en d'autres temps, plus sombres. Il ne tient qu'à vous d'y trouver la luminosité équilibrée qui vous convient.

Épanouissement

L'épanouissement est un état d'être. Si cette valeur n'est pas haute dans votre hiérarchie, peut-être qu'elle vous aspire dans le futur. Vous vivez le quotidien dans le bien-être, vous faites ce qui est bon pour vous. Vous écoutez votre corps et respectez ses limites. Vous ne vivez pas de frustration. Vous êtes proche du bonheur.

➢ *Besoins d'autoréalisation*

Évoluer

Évoluer, se rapproche de se réaliser, mais se situe plus au niveau spirituel. Vous évoluez au niveau de votre caractère, de vos comportements, de la gestion émotionnelle. Vous évoluez dans la reconnaissance de vos qualités, de votre estime personnelle et de votre philosophie de vie. Votre vision globale de vous-même, des autres et de votre environnement est de plus en plus positive. Votre évolution vous permet de vous sentir mieux, de penser mieux, d'agir et de réagir mieux qu'auparavant.

➢ *Besoins d'estime*

Famille

Vous êtes dévoué à votre famille immédiate ou encore à vos parents si vous êtes célibataire. Votre choix de métier tient compte de votre disponibilité pour votre famille, ou vous choisissez d'être à la maison. Vous avez besoin de votre famille au quotidien.

➢ *Besoins de sécurité et besoins d'appartenance et de reconnaissance sociale*

Fidélité

La fidélité comme valeur va au-delà d'une relation de couple. Vous ne trompez pas votre conjoint, sauf en transition vers un nouvel amoureux. Vos relations sont constantes et durables. Vous gardez contact avec vos vieilles relations d'amitié. La fidélité est un honneur pour vous ; vous avez le même médecin, le même pharmacien, le même garagiste… depuis de longues années.

➢ *Besoins de sécurité et besoins d'appartenance et de reconnaissance sociale*

Foi

Avoir la foi en un Dieu, sous différente forme de divinité, peut déterminer toutes vos actions, vos décisions et vos jugements. Vous adhérez à un ensemble de croyances religieuses dont vous avez entièrement confiance. Le mode religieux est intégré à votre rythme de vie, que ce soit la pratique, les traditions ou les rituels.

➢ *Besoins d'autoréalisation*

Les valeurs actuelles dans lesquelles vous vous reconnaissez sont vôtres ou ont été inculquées par votre entourage, par exemple : la famille, les amis, l'éducation, la relation, la société… ?

Harmonie

Votre vie est harmonieuse. Vous évitez toute source de conflits. S'il y a conflits, vous choisissez de quitter les lieux ou les personnes. Votre environnement est également harmonieux, calme et décoré avec un choix de couleurs. Même dans vos relations, vous choisissez des gens bien élevés, polis et qui possèdent un savoir-vivre tout en étant authentiques et chaleureux.

➢ *Besoins d'estime*

Honnêteté

L'honnêteté, lorsqu'il s'agit d'une valeur, est présente dans vos moindres gestes. Vous ne trichez pas. Vous ne fraudez pas le fisc, chaque revenu gagné est déclaré, vous êtes précis dans votre comptabilité. Vous remboursez rapidement de l'argent emprunté et même un livre, un DVD ou tout autre objet.

➢ *Besoins d'estime*

Imaginaire

L'imaginaire, c'est la faculté d'inventer, de créer et de concevoir. Vous aimez raconter des histoires, vous imaginez, vous créez jusqu'à en modifier les réalités. On vous perçoit souvent dans la lune, mais en réalité, vous êtes dans votre imaginaire !

➢ *Besoins d'autoréalisation*

Indépendance

Vous êtes votre propre patron. Si vous choisissez un associé, il sera compétent, complémentaire et proche de vos valeurs. Vous n'êtes pratiquement jamais malade. Votre relation amoureuse a besoin d'être enrichie par des moments de solitude, et vous désirez conserver vos liens d'amitié et sociaux. En couple, vous n'êtes pas dépendant affectif et vous savez vous engager.

➢ *Besoins d'autoréalisation*

Intégrité

Directement en lien avec l'éthique, mais accentué par la cohérence entre ses intentions, ses opinions, ses croyances, ses attitudes et son mode vie. Cette valeur n'est pas négociable. Vous ne répondrez pas à un ordre ou à une consigne si c'est contraire à vos opinions, et vous exprimez clairement votre refus ou vous contournez la personne impliquée dans la situation. Vous êtes honnête. Vous êtes quasi incapable de mentir.

➢ *Besoins d'autoréalisation*

Justice

Vous ne supportez pas l'injustice et vous agissez pour rétablir la justice. C'est une vocation. Vous ressentez le besoin de défendre des causes que vous trouvez justes. Vous êtes impartial, même si votre cause et votre intégration déclenchent une bataille juridique.

➢ *Besoins d'autoréalisation*

Liberté

Cette valeur est exceptionnelle. Rares sont les personnes qui la possèdent réellement. Vous n'êtes pas salarié, vous travaillez seul. Vous n'avez pas d'horaire. Vous aimez l'aventure et les imprévus. Vous êtes libre de vos opinions et vous les exprimez librement. Vous n'aimez pas rendre des comptes.

➢ *Besoins d'autoréalisation*

Loyauté

La loyauté se manifeste par votre confiance que vous témoignez envers ceux que vous admirez à cause de leur titre, de leur statut ou leur rang social. Vous cherchez à croire en quelqu'un ou en quelque chose parce que ça vous procure du bien et donne un sens à votre vie.

➢ *Besoins d'appartenance et de reconnaissance sociale*

Partage

On vous reconnaît par votre générosité et votre ouverture. Vous partagez vos confidences, vous présentez vos amis les uns aux autres afin de créer un réseau amical ou professionnel. Votre maison est ouverte aux amis et aux voisins. Vous êtes entouré et rarement seul.

➢ *Besoins d'appartenance et de reconnaissance sociale*

Patrie

Vous êtes un patriote, vous tenez fermement aux traditions, règles et lois, même si c'est désuet. Vous avez un métier qui touche de près ou de loin à la défense des particularités de votre pays.

➢ *Besoins d'appartenance et de reconnaissance sociale*

Plaisir

Tout ce que vous décidez de faire vous procure un sentiment de plaisir. Vous aimez éveiller votre conscience à tous vos sens. Vous ne faites pas quelque chose par obligation s'il n'y a pas de plaisir. Vous êtes épicurien.

➢ *Besoins d'estime*

Plaisir intellectuel

Votre cerveau a besoin d'être stimulé par de nouvelles informations qui suscitent une réflexion. Vous cherchez un intérêt intellectuel dans chaque chose. Vous avez besoin de comprendre, vous réfléchissez beaucoup, et ce, sans effort. Les sciences vous intéressent particulièrement.

➢ *Besoins d'autoréalisation*

Les besoins reliés à vos valeurs sont-ils comblés ? Reconnaître vos valeurs importantes est une bonne première étape. Afin de rester cohérent avec elles, faut-il avoir la capacité de demander ?

Pouvoir

Vous aimez exercer ce pouvoir sur les autres et les événements sans aucune gêne ni culpabilité. Votre crédibilité et votre influence font qu'on obéit à vos ordres, à vos consignes, à vos suggestions ou à vos demandes de services. Vous êtes reconnu et influent. Vous êtes intelligent, visionnaire et savez prendre des risques.

➢ *Besoins d'appartenance et de reconnaissance sociale*

Progresser

Faire du surplace est insupportable pour vous. Il est essentiel d'avancer et de vous développer. Le changement vers le mieux constitue un besoin. Vous évaluez vos progrès au niveau des connaissances, des techniques et des mises en application. Vous cherchez à vous améliorer dans chaque nouvelle tâche. Si vous ne réussissez pas à vous perfectionner, vous persévérez en allant chercher des outils extérieurs comme des cours, de l'aide ou de l'accompagnement.

➢ *Besoins d'estime*

Réalisation professionnelle

Au-delà du souhait que la plupart d'entre nous ont de se réaliser professionnellement, vous avez des objectifs de carrière qui sont importants à vos yeux. Vous êtes ambitieux et consacrez énormément de temps au travail. Vous prenez rarement des vacances. Votre famille et vos amis ne vous voient pas beaucoup.

➢ *Besoins d'estime*

Remarquez-vous des changements de valeurs en approchant de votre retraite ? Les épreuves de la vie, vos expériences et les gens qui sont passés sur votre route contribuent tous à les faire évoluer.

Reconnaissance sociale

La valeur « reconnaissance sociale » se définit par votre besoin de montrer à la société en général que vous avez réussi, mais également de vous reconnaître vous-même comme une personne importante ayant de la valeur. Secrètement, vous souhaitez être reconnu comme faisant partie de la société ou d'un groupe d'élite. Vos comportements vont s'adapter selon les besoins du groupe.

➢ *Besoins d'appartenance et de reconnaissance sociale*

Respect

Le respect tout court et en tout implique que vous pensez à la fois au respect des autres et au respect de soi. Vous êtes intolérant à toute dérogation. La règle est la même pour tous. Vous adhérez aux règlements qui permettent le fonctionnement harmonieux dans une vie sociale.

➢ *Besoins d'appartenance et de reconnaissance sociale*

Respect des autres

Vos choix de vie tournent autour des besoins des autres. Vous n'avez pas suffisamment d'amour pour vous-même. Vous croyez que les autres sont plus importants que vous et méritent plus votre attention. Vous avez de la difficulté à recevoir des compliments et des cadeaux, vous ne croyez pas mériter tous ces égards. Vous minimisez qui vous êtes et ce que vous faites. À votre avis, ce que vous donnez, c'est tout simplement normal.

➢ *Besoins d'appartenance et de reconnaissance sociale*

Respect de soi

Vous êtes la personne la plus importante à vos yeux. Vous vous assurez d'abord d'être bien avec vous-même afin de vous occuper de vos enfants, conjoint ou travail d'une façon heureuse. Vous prenez soin de vous chaque jour. Vous n'êtes pas systématiquement égoïste, mais plutôt vous encouragez les autres à s'occuper de leur bien-être. Vous ne cédez pas facilement aux envies de votre entourage, seulement dans le cas où cela vous plaît ou ne vous dérange pas.

➢ *Besoins d'estime*

Portez-vous une attention particulière à respecter les gens autour de vous ? Qu'en est-il du respect de vous-même ? Attention à garder la même bienveillance à votre égard.

Responsabilité

Vous pouvez être une personne responsable sans pour autant choisir la valeur responsabilité. Élevé au niveau de valeur, vous êtes consciencieux. Vous honorez vos engagements. Vous assumez vos décisions même si vous avez fait une erreur. Vous êtes honnête. Vous êtes rigoureux et menez à terme vos tâches.

➢ *Besoins d'estime*

Réussite

Si vous possédez réellement la valeur réussite, vous avez la conviction que vous réussissez. Vous réalisez vos ambitions. Vous êtes toujours très content, satisfait et fier de réussir. Vous savez prendre des risques calculés. Vous êtes très responsable. En situation d'échec, vous conservez suffisamment d'optimisme et de confiance en vous pour retrouver votre voie. Vous êtes déterminé.

➢ *Besoins d'estime*

Santé

La santé devient un mode de vie sans contrainte. Vous ne fumez pas, ne consommez aucune drogue et ne buvez pas d'alcool. Votre alimentation est saine et équilibrée. Vous êtes motivé et constant dans des activités physiques. Vous êtes rarement malade, car vous prenez soin de votre corps.

➢ *Besoins de sécurité*

Savoir/connaître

La valeur « savoir/connaître » ressemble de près à « apprendre », mais ce qui les différencie, c'est le constat d'avoir acquis des connaissances, ce qui résulte en apprentissage. C'est ressentir le plaisir de maîtriser une connaissance.

➢ *Besoins d'estime*

Sécurité affective

La présence de l'autre est vitale. Vous comptez sur l'autre, que ce soit votre amoureux, votre conjoint, vos enfants ou certains amis, pour alimenter votre besoin d'affection. Vous recherchez essentiellement la stabilité et la durabilité dans une relation.

➢ *Besoins de sécurité*

Sécurité matérielle et financière

La sécurité est l'état intérieur de se sentir à l'abri du danger. Vous êtes probablement salarié, vous ne choisissez pas de profession libérale. Vous économisez. Vous ne détenez pas d'actions boursières ; trop risqué. L'idée du changement vous traverse l'esprit, mais vous ne bougez pas.

➢ *Besoins de sécurité*

> Il peut arriver que vous préfériez ne pas avoir certains besoins dans votre vie, les considérant contraignants ou mal vus. Simuler leur absence ne les fera pas fuir… Y faire face à plus de chance d'apporter l'équilibre.

Se réaliser

Se réaliser est un processus. Vous exécutez des démarches concrètes afin de vous sentir toujours mieux dans votre vie. Vous évoluez consciemment allant de découverte en découverte de vous-même. Vous n'êtes pas dans le déni. Vous lisez essentiellement des livres sur le développement personnel afin de vous apporter de nouvelles connaissances, des pistes de réflexions et d'informations sur vous-même. Vous souhaitez être à l'écoute de vos besoins et de vos aspirations. Vous avez le besoin de devenir qui vous croyez être vraiment. Vous faites les changements nécessaires dans votre vie.

➢ *Besoins d'autoréalisation*

Spiritualité

La spiritualité n'est pas toujours reliée à la religion. Vous nourrissez votre réflexion sur la vie à travers plusieurs croyances religieuses. Vous cherchez à donner un sens à l'existence humaine. Vous priez. Vous participez à des séances ou des séminaires de relaxation, de méditation ou de discussions. Vous assistez à des conférences données par des maîtres religieux, des maîtres spirituels, des psychothérapeutes ou des chamans.

➢ *Besoins d'autoréalisation*

Transmettre

La volonté de transmettre se manifeste comme une priorité réfléchie et consciente. Vous ressentez le besoin de communiquer vos apprentissages de façon juste et concrète. Vous enseignez. Dans l'éducation des enfants (les vôtres ou ceux des autres), vous prenez plaisir à expliquer les choses. Vous êtes patient et pédagogue.

➢ *Besoins d'appartenance et de reconnaissance sociale*

Travail

Vous travaillez toujours pour le plaisir ou par honneur personnel. Vous prenez peu de vacances ; le repos, vous ne connaissez pas. Vous oubliez de vivre. Vous avez peu de loisirs. Votre travail vous procure votre valeur au sein de la société.

➢ *Besoins de sécurité*

Utilité

Le besoin de se sentir utile n'est pas ordinaire, au rang de valeur. Vous ne faites rien qui, à vos yeux, ne soit pas utile. Vous êtes efficace de façon générale. Vous vérifiez toujours comment vous pouvez vous rendre utile dans une situation. Vous êtes multitâche. Toutes les façons sont bonnes pour aider. Vous avez de la difficulté à dire non, vous êtes toujours disponible pour rendre service.

➢ *Besoins d'estime et besoins d'appartenance et de reconnaissance sociale*

Avez-vous fait des découvertes ? Certaines valeurs importantes nécessitent-elles une attention particulière ? Si certaines sont négligées, comment souhaitez-vous maintenant les concrétiser dans votre vie ?

Valeurs, valeurs, dites-moi qui je suis !

À partir de la description des valeurs, identifiez par priorité 12 valeurs importantes pour vous à la retraite.

Valeurs, valeurs, comment vous manifestez-vous ?

Reprenez les valeurs identifiées précédemment. Pour chacune de ces valeurs, déterminez jusqu'à cinq actions ou comportements qui permettent de les amplifier ou de les intégrer dans votre nouvelle identité de retraité.

La connaissance de soi permet de réajuster plus rapidement ses actions, de vivre des succès avec moins de frustration tout en étant plus en accord avec soi. Vient ensuite l'action... La concrétisation de ses choix au quotidien, entre autres, par la communication de ses besoins aux autres.

Communication en 5 points

Voici un exemple d'un événement déclencheur :

« J'ai demandé à mon conjoint s'il pouvait faire le ménage de la maison, lui était à la retraite, et moi je travaillais. En revenant de ma journée de travail, j'ai constaté que ce n'était pas fait. Je lui ai fait des reproches en criant et en l'accusant qu'il ne faisait jamais rien. « Tu ne m'aides jamais… Tes tâches ne sont jamais terminées… Tu ne tiens pas tes engagements… Tu fais les affaires à moitié… Je suis toujours toute seule à tout faire… Tu as beaucoup plus de temps que moi pour le faire… »

Communiquer vos besoins de façon claire et cohérente afin de maintenir l'harmonie avec votre identité et les autres, c'est possible. Nous vous proposons un exercice qui vous permettra d'intégrer une méthode efficace de communication authentique afin de créer éventuellement de meilleures habitudes de communication et ainsi, éviter les sources de conflit.

Voici un exemple, relié à l'événement déclencheur, utilisant la méthode de communication proposée :

« **Je communique en cinq points** »

J'observe que… le ménage n'est pas fait.

Je me sens… irritée et déçue.

J'aurais besoin… d'aide à la maison.

Je me demande si… il pourrait y avoir une redistribution des tâches, étant donné ta plus grande disponibilité, afin d'arriver à une satisfaction mutuelle.

Qu'en penses-tu ?

Je communique…

Pratiquez-vous ! Chaque occasion est propice à la communication. Vous pouvez vous exercer sur papier avant de communiquer verbalement, si vous en ressentez le besoin.

1. J'observe que…

2. Je me sens…

3. J'aurais besoin…
4. Je me demande si…
5. Qu'en penses-tu ?

1. J'observe que…
2. Je me sens…
3. J'aurais besoin…
4. Je me demande si…
5. Qu'en penses-tu ?

« Si vous ne savez pas où aller, vous arriverez sûrement ailleurs.
N'importe quel chemin fera l'affaire. »
SOURCE INCONNUE

Scène 3
Votre scénario de retraite

Vous êtes le réalisateur de votre vie ! Il ne tient qu'à vous de créer le scénario de votre futur. Vous avez jadis planifié de faire des études, de quitter la maison familiale, de vous marier, d'acheter votre maison, d'avoir des enfants, de changer de carrière, de divorcer, de recommencer ! À chaque étape de votre vie, de manière bien souvent inconsciente, vous avez créé votre scénario avant de vous lancer dans un projet. Alors, pourquoi ne pas le faire pour votre retraite ? Vous voici à la prise 3 de votre vie. C'est parti !

Quel est votre projet de retraite ?

La retraite est pour bientôt, elle se prépare aujourd'hui. Si vous y êtes déjà, peut-être qu'un arrêt ou un recul s'avère nécessaire afin de mieux continuer. La retraite est un passage de plus dans votre vie. Alors, voulez-vous la vivre à votre image ? Ne serait-ce pas un beau projet ? D'ailleurs, lorsque vous prenez le temps de savoir ce que vous souhaitez pour cette étape de vie, vous préparez votre entourage à mieux accepter vos nouveaux choix de vie.

Prendre sa retraite n'est pas une mince affaire pour tous ; un projet bien planifié a plus de chance de réussite. Alors, vous comprendrez que prendre sa retraite n'est pas l'objectif. L'objectif correspond plutôt à ce que vous souhaitez mettre en place lors de votre retraite.

La notion « d'objectif » est souvent associée à la performance. On parlera aussi de but, de cible. Si on vous disait : « projet », est-ce que ce mot résonnerait mieux à vos oreilles ? L'important à ce moment-ci est de choisir le mot qui vous conviendra le mieux afin de spécifier le plus concrètement possible ce que vous désirez pour votre retraite. Les questions suivantes : Quoi exactement ? Avec qui ? Comment ? Où ? sont de bons points de départ afin de préciser vos attentes. Beaucoup trop de gens vivent leur vie en sachant ce qu'ils ne feraient plus, sans toutefois savoir ce qu'ils changeraient. De même, lorsque vous précisez un objectif, connaître les valeurs qui sont vôtres vous permettra davantage d'être en accord avec vous-même.

Par exemple, certains pourront nommer comme projet à la retraite :

- Vouloir aller vivre en résidence pour retraités autonomes.
- Être heureux avec soi-même.
- Voir le monde, voyager.
- Prendre le temps.
- Développer des passe-temps, des activités différentes.

Votre projet est-il réaliste et réalisable ?

Le projet « prendre le temps et être heureux avec moi-même » demandera d'être précisé. Pour vous, qu'en est-il de prendre son temps ou d'être heureux avec vous-même ? Deux personnes pourront répondre très différemment à cette question parce que le modèle du monde de chacun n'est pas le même pour tous.

Qu'est-ce qui est important dans la réalisation de votre projet ?

Pourquoi particulièrement ce projet ? Qu'est-ce que ça vous apportera de vivre en résidence pour retraités autonomes, de développer des passe-temps, de voyager, etc. ?

Il peut arriver que le projet nommé soit en fait un moyen pour arriver où vous désirez aller. À quel besoin répond le désir d'aller vivre en résidence ou de voyager ? Est-ce votre réel objectif ?

Par cette question : « qu'est-ce qui est important dans la réalisation de mon projet ? », vous pourrez vous assurer de trouver la motivation pour l'atteindre. Autrement, ce ne sera que des mots lancés en l'air…

Comment saurez-vous ?

Afin de clarifier davantage votre projet, posez-vous la question suivante: « comment saurai-je que mon objectif est atteint ? » Si vous vous projetiez dans le « comme si » vous y étiez rendu, qu'est-ce qui nous indiquerait, à vous voir et à vous entendre, que vous êtes parvenu à ce que vous vous étiez fixé comme projet à la retraite ? Quels seraient les éléments vérifiables et observables ? Que ressentiriez-vous au fond de vous à ce moment-là ?

Les inconvénients et les avantages (gains secondaires)

Nous y voilà ! Un beau projet de retraite a été mis à jour. Pourtant, quelque chose accroche peut-être... Se donner un objectif implique de faire aussi certains changements, d'ajouter ou d'enlever quelque chose à vos habitudes de vie. À moins que vous ne viviez comme un ermite, ce vers quoi vous voulez tendre bouleversera à un niveau ou un autre votre entourage, votre conjoint, vos enfants, vos amis. Votre projet demandera de voir à ce que les conséquences du changement soient en harmonie avec l'importance que vous accordez à votre environnement.

Pour votre entourage

C'est bien beau « un projet », mais votre conjoint ou conjointe là-dedans ? Et vos enfants, comment accepteront-ils cela ? Malgré qu'un « ce n'est pas de leur affaire ! » se fasse entendre, nous pensons que ces questionnements pourraient créer des résistances à l'atteinte de votre objectif... Voyons-y !

Prenons l'exemple suivant : Dans le désir de voyager, si inconsciemment l'inquiétude de ne pas être là pour vos petits-enfants, quand ils ont besoin de vous, vous préoccupe, votre projet risque d'être brimé, voire même saboté. Si, par contre, vous y voyez l'avantage, grâce aux voyages, d'apporter plus à votre entourage par l'énergie positive que vous dégagerez, votre motivation n'en sera que plus grande.

Pour vous

Pourrait-il y avoir des inconvénients pour vous à la réalisation de votre projet ? Que perdriez-vous en atteignant votre objectif ? Y a-t-il un avantage à ce que rien ne change ? Si à ces questions vous répondez dans l'affirmative, des solutions seront à prévoir afin de préserver les gains secondaires.

Les solutions pour contrer les inconvénients et préserver les gains secondaires

Dans l'exemple de vouloir voyager, si de passer à côté de votre vie de grand-parent devient un inconvénient pour vous, peut-il y avoir des solutions afin de préserver ce beau cadeau de la vie et de profiter de vos petits enfants tout en voyageant.

Les gains secondaires sont les avantages, les profits que nous récoltons grâce au maintien de notre situation actuelle. Quels sont les obstacles qui pourraient obstruer votre démarche ?

Ne pas s'arrêter pour répondre à cette question est tout comme donner un coup d'épée dans l'eau. Si vous ne répondez pas à cette question, votre objectif n'aboutira pas et vous mettrez la faute sur toutes sortes d'éléments extérieurs auxquels vous croirez. En fait, il ne s'agira que d'obstacles personnels inconscients auxquels vous ne vous serez pas arrêtés.

Que peut-il se passer s'il n'y a pas de solution aux inconvénients ?

Si tel était le cas, ce qui est très rare, soit dit en passant, réviser le projet deviendrait alors essentiel. Peut-il vraiment n'y avoir aucune solution afin de mettre en place votre projet quel qu'il soit, tout en préservant les gains secondaires ou en éliminant les inconvénients ? À notre avis, NON ! Réajuster, réévaluer, nuancer son objectif, ça, c'est possible, OUI !

Les ressources nécessaires à l'atteinte de l'objectif

Afin de pouvoir voyager par exemple, certaines ressources internes ainsi que matérielles et financières sont nécessaires. En connaissant les inconvénients et les obstacles à contourner pour atteindre votre objectif, certaines ressources deviendront évidentes à posséder et à intégrer pour la mise en place de votre projet. Peut-être que le courage, la discipline, l'ouverture, la planification budgétaire, croire en vos capacités seront entre autres des ressources à acquérir afin d'exceller vers votre objectif idéal de retraite.

Voici une liste de ressources qui pourraient être aidantes. Nous vous invitons à la consulter afin de constater celles qui sont acquises et celles que vous souhaitez développer en lien avec votre nouvelle vie de retraité.

Affection	Être dans l'action	Persévérance
Affirmation	Foi	Politesse
Amour	Générosité	Positivisme
Assiduité	Gentillesse	Prévoyance
Assurance	Habileté	Prudence
Attention	Honnêteté	Réalisme
Authenticité	Humour	Réserve
Autonomie	Imagination	Respect
Bienveillance	Indépendance	Responsabilité
Calme	Insouciance	Réussite
Capacité d'aimer et être aimé	Intelligence	Risque
Communication	Intuition	Sagesse
Compassion	Jeune d'esprit	Sécurité
Confiance	Joie de vivre	Sens de l'analyse
Coopération	Liberté	Sensibilité
Courage	Lucidité	Sérénité
Création	Maturité	Simplicité
Débrouillardise	Modération	Souplesse
Détachement	Modestie	Spiritualité
Détermination	Optimisme	Spontanéité
Diplomatie	Organisation	Stabilité
Discrétion	Ouverture	Ténacité
Dynamisme	Passion	Tolérance
Estime de soi	Patience	Volonté
Être à l'écoute	Perfectionnisme	

Les étapes à franchir

À la lueur des réponses que vous saurez vous donner suite à toutes ces questions, vous pourrez remarquer ce qui vous semble, d'ores et déjà, être les étapes à franchir pour arriver à votre projet de retraite. Pas à pas, chacune des étapes est à la fois un objectif en soi et fait partie intégrante de votre projet de retraite dans son entier.

Voilà, la planification de votre préparation à la retraite se clarifie. Pour ceux qui sont déjà à la retraite, vous voici réalignés !

Je prépare ma retraite… Action !

Ne vous attendez pas du jour au lendemain à mettre à exécution votre projet de retraite. Rome ne s'est tout de même pas bâti en un jour ! De plus, il peut sembler décourageant de ne focaliser que sur le but ultime. Cela peut paraître ardu. Plusieurs étapes sont à considérer avant de voir le résultat final. Il devient important d'y aller étape par étape. Avant de voir votre nouveau scénario de vie sur grand écran, qu'avez-vous à élaborer ?

1. Quel est votre projet à la retraite ? (quoi, spécifiquement, avec qui, quand, où ?)

2. Qu'est-ce qui est important pour vous dans cette nouvelle étape de vie ?

3. Comment saurez-vous que vous avez atteint vos attentes en lien avec cette nouvelle vie ? (indices vérifiables/observables)

4. Quels pourraient être les inconvénients et avantages de cette vie de retraité pour votre entourage ? (gains secondaires à la situation actuelle)

5. Quelles sont les solutions à prévoir pour contrer les inconvénients et préserver les gains secondaires ?

6. Quels pourraient être les inconvénients et avantages de cette étape de vie pour vous ? (gains secondaires à la situation actuelle)

7. Quelles sont les solutions à prévoir pour contrer les inconvénients et préserver les gains secondaires ?

8. Que peut-il se passer si rien ne change ? (imaginez le pire scénario, en lien avec les inconvénients selon les non résolus)

9. De quelles ressources avez-vous besoin pour vivre cette nouvelle étape de vie de façon satisfaisante ? (personnelles, matérielles, financières, entourage)

10. Quelles seraient les étapes à franchir ?

11. Quelle serait une première bonne étape ? (refaire la démarche avec chaque étape)

« La beauté du cinéma, c'est de pouvoir tenter quelque chose de différent. »

CLINT EASTWOOD

Scène 4
Votre mise en scène

Tout au long de votre vie, certaines expériences vous ont réussi mieux que d'autres. Prenez l'exemple suivant : « pourquoi ça va si bien dans ma vie professionnelle et non pas dans ma démarche de perte de poids ? », ou cet autre exemple : « gérer mes employés, aucun problème, mais avec mes enfants, c'est une autre histoire ! »

La vie est remplie de contradictions et d'incompréhensions. Pourtant, en prenant le temps de discerner ce qui est différent lorsque ça fonctionne bien, contrairement à lorsque ça fonctionne mal, on peut trouver plusieurs pistes de solutions. Petite explication : certaines situations de la vie ont requis des ressources, des qualités que vous avez su aller chercher en vous pour passer à travers de façon satisfaisante. Dans d'autres cas, pour différentes raisons, celles-ci vous ont laissé dans le désarroi et trop envahi émotionnellement pour aller chercher en vous les forces nécessaires à la réussite de ce que vous aviez entrepris. Il arrive que certaines forces intérieures soient plus difficiles à aller chercher parce qu'inconsciemment elles entrent en conflit avec vos valeurs. Si la valeur « d'aider les autres » est très ancrée, et qu'aujourd'hui, pour bien mener à terme une situation difficile, votre besoin essentiel est de trouver une force intérieure telle la capacité de prendre soin de vous, peut-être vous heurterez-vous à un mur ? Il devient donc tout à fait normal de résister et de vous retrouver en situation d'échec. Dans l'exemple dessus, où la réussite professionnelle est plus facilement atteignable que la démarche de perte de poids, il est possible que la valeur « aide aux autres » soit comblée dans votre vie professionnelle et que, dans le cas d'une démarche de perte de poids, cela demande la capacité de prendre soin de vous. Résultat ? Confronté entre vos valeurs et vos besoins, vous vous retrouvez en situation de défaite.

La bonne nouvelle, c'est qu'il n'y a pas d'échec, que du « feedback » ! En prenant du recul, vous prendrez conscience de ce qui arrive. En trouvant des réponses, vous trouverez les possibilités de faire les changements nécessaires pour arriver au but.

La raison pour laquelle nous vous proposons cet exercice de réflexions est de vous conduire à d'autres possibilités. Ici, vous serez en mesure d'aller rechercher les éléments gagnants dans certaines sphères de votre vie pour les transférer là où vous désirez réussir. Nous vous suggérons donc de vivre intensément ? une consigne à la fois afin de vous observer.

Vous êtes en exploration, donnez libre cours à votre imagination parce que tout est possible, sans contraintes ni restrictions. Permettez à chacun des rôles que vous observez de vous suggérer des pistes de solutions et de nouvelles actions inexplorées.

> Il serait facile de recréer ce que vous avez été ou fait tout au long de votre vie. Et si cette nouvelle période vous permettait un temps de réflexion, un moment pour voir dans le miroir de votre existence…

Vivez chacun des rôles

La **mise en scène** est l'ensemble de toutes les dispositions mises en place afin de concrétiser l'imagination de l'auteur. C'est lors de la mise en scène qu'on règle les moindres détails. Elle a pour effet d'assurer le jeu de l'acteur et l'harmonie générale de l'exécution. On arrive à ce résultat qu'au prix de l'intensité et de la répétition.

La première étape consiste à modéliser une expérience de votre passé que vous avez rêvée un jour puis réalisée. C'est le moment pour recueillir des informations sur votre propre construction d'expériences de réussite.

Remémorez-vous, avec tous vos sens, un projet de vie mené à terme, dans lequel les sentiments de réalisation et d'accomplissement étaient présents. Voilà une bonne manière de se relier à un succès personnel marqué par des comportements gagnants.

Nous utiliserons, à ce moment-ci, votre imagination ainsi que votre souplesse afin d'explorer des positions qui amèneront des points de vue différents. Dans chacun des rôles que vous interpréterez, vous vous retrouverez dans un espace particulier modifiant votre perception des choses.

Retrouver des expériences sensorielles reliées à un souvenir de projet réussi permet de revivre la situation dans son intensité. C'est l'heure de vous faire du cinéma!

Le scénariste

Le scénariste est la personne qui écrit des scénarios. Ces textes décrivent scène par scène, avec un grand souci du détail, ce qui sera tourné pour faire un film. Le scénariste imagine la lumière, l'ambiance, le décor, le choix des personnages, etc. Il rêve!

Le scénariste en vous est en mesure, lorsque vous le souhaitez, de vous propulser dans la plus belle des histoires sur grand écran. Ne vous est-il jamais arrivé de « rêvasser » en vous balançant au soleil ou en sommeillant dans votre fauteuil et même pendant le discours d'un orateur endormant? On parle ici de souhaits d'enfance, de votre ambition de devenir entrepreneur, d'un retour aux études après des années ou encore d'une remise en forme! Des pensées, des images se sont mises en place dans votre imagination avant de mettre votre plan en action. Vous avez été le penseur, le rêveur qui savait très bien à quoi ressemblerait ce projet tant désiré.

Cette fois-ci, c'est volontairement et consciemment que vous déciderez de mettre sur un gigantesque écran ce dont vous rêvez.

Le producteur

Le producteur est la personne dont le métier consiste à trouver les moyens techniques et financiers pour la réalisation d'un film.

Vous avez la chance d'être le producteur de votre retraite, de mettre votre vie en perspective comme si vous étiez à préparer un film… votre film, la suite de votre histoire. Après l'avoir imaginé sur grand écran, vous êtes maintenant à même de connaître les ressources qui vous sont nécessaires pour la réalisation de ce film. S'agit-il de ressources intérieures, telles des forces et qualités à redécouvrir, à exploiter ou à expérimenter? Que désirez-vous, sans limites, sans censure? Mettez à jour les éléments gagnants pour la réussite de ce film.

Vous êtes, à titre de producteur, celui qui saura fournir les ressources pour y arriver et vous ferez les ajustements au besoin, de façon réaliste.

Vous aurez peut-être envie de répondre ceci : « Comment saurai-je ce dont j'ai besoin comme ressources pour vivre une retraite à la hauteur de mes attentes ! » Ou « Je sais ce dont j'ai besoin, mais ce n'est pas réaliste… »

Comme nous avons la croyance que chaque personne a les ressources nécessaires à l'intérieur de soi pour arriver à son but, nous vous accompagnerons à faire ressortir ces forces, si bien enfouies soient-elles, qui vous mèneront de ressource en ressource vers votre accomplissement.

L'histoire de Suzanne nous démontre que sa retraite souhaitée est celle où elle pourrait voyager plusieurs mois par année tout en restant présente pour sa famille. Elle sait voir son scénario parfait. Comme producteur, voici les ressources qu'elle identifie avoir en elle pour y arriver. Étant proche de sa famille, avec la valeur « famille » très importante, Suzanne sait qu'elle aura besoin de sa capacité de nommer ses besoins (1re ressource interne) à sa famille. De plus, ajouter la ressource d'organisation (2e ressource interne) afin de planifier ses voyages et rester présente à sa famille durant certaines périodes propices de l'année, voilà ce qui lui donnera satisfaction. La capacité à planifier son budget (3e ressource) et le détachement (4e ressource) à ne pas prendre les problèmes de ses enfants sur ses épaules l'aideront à envisager ses voyages avec épanouissement et quiétude.

Le réalisateur

Le réalisateur a un rôle important, celui de rendre effectif, réel ce qui a été proposé. Il dirige la réalisation du film. Le film prend vie, il existe !

En pleine connaissance de votre histoire de film et des ressources nécessaires à cette réalisation, vous voici maintenant dans la peau de celui qui saura réaliser ce film de vie… Sortez vos qualités d'organisateur, de planificateur. C'est le temps de regarder ce qu'il faudra pour la réalisation concrète de ce que vous souhaitez être et faire à la retraite.

Nous voulons à cette étape, après avoir rêvé ce à quoi vous aspirez, puis après avoir fait le tour des ressources personnelles nécessaires pour y arriver, que vous conceviez, dans l'aspect pratique, ce que vous devrez accomplir pour que votre projet se réalise. Dans l'histoire de Suzanne (en position de scénariste), qui rêve d'être une grande voyageuse tout en restant présente à sa famille, elle a découvert (en position de producteur) que ses ressources internes nécessaires pour y arriver sont les suivantes : la capacité de nommer ses besoins, d'être organisée, de savoir planifier un budget et d'avoir du détachement. Comme réalisateur, il reste à appliquer les actions appropriées.

Comment s'y prendra-t-elle pour nommer ses besoins à sa famille ? Se sent-elle assez forte simplement pour les nommer ou a-t-elle besoin de se préparer pour lui en faire part ? Certaines personnes ont plus de facilité à nommer leurs besoins que d'autres. Si vous avez été présente envers votre famille toute votre vie, sans jamais ou rarement leur faire part de ce que VOUS vouliez, il pourrait être possible qu'un appui ou le développement de cette aptitude soit à expérimenter avant de vous lancer…

Même chose avec la ressource d'organisation. Si Suzanne désire organiser sa vie autour des voyages, elle aura à développer la planification concrète de ses déplacements. A-t-elle besoin de faire des recherches, de consulter une agence de voyages, des connaissances, différents réseaux ? Il en sera de même pour sa ressource de planification budgétaire et pour sa capacité à se détacher émotionnellement du quotidien de sa famille.

C'est pourquoi il devient plus qu'important de s'y prendre étape par étape pour réaliser ce que le penseur en vous désire mettre en œuvre. Chaque étape devient un objectif en soi qui agira à titre d'élément gagnant pour l'atteinte de l'objectif précis. Dans le cas de Suzanne, celui de voyager tout en restant présente pour sa famille.

L'acteur

L'acteur est l'auteur d'une action. Il personnifie un personnage dans un film.

Maintenant que le réalisateur en vous a tout mis en place concrètement afin d'arriver à votre but, rien de tel que de se mettre dans la peau de celui qui jouera le grand rôle pour vivre avec tous ses sens le nouveau scénario… Faire comme si vous étiez, par le biais du jeu, à vivre chacune des scènes.

Ici, nous utiliserons le concept d'imagerie mentale dans le contexte où vous êtes l'acteur de votre film. Vous avez donc à vous visualiser mettant en œuvre ce que vous avez conçu jusqu'à maintenant dans les différentes positions de scénariste, de producteur, de réalisateur et d'acteur. Que se passe-t-il lorsque vous êtes dans votre propre rôle de retraité, selon votre conception et en passant par les étapes mises en place par le réalisateur ? Cette étape de visualisation permet aussi de réajuster ce qui ne vous convient pas par le biais de votre imaginaire. Quelques éléments pourraient être manquants… Le producteur aurait-il oublié quelques ressources internes nécessaires ? Le réalisateur a-t-il omis une étape ? Par la voix de votre visualisation, vous ressentiriez si une modification devenait nécessaire.

> Dans le cas où votre visualisation ne serait pas convaincante, attention de ne pas sauter à la conclusion que c'est de la foutaise et que vous n'êtes pas doué. Comme il n'y a pas d'échec mais que du « feedback », cette information ressentie est simplement le signe qu'un ajustement doit être fait. Enlevez ou ajoutez simplement un ou des éléments manquants et voyez ensuite la différence…

Le spectateur

Le spectateur est la personne qui est témoin oculaire d'un fait. C'est une personne qui assiste à une représentation théâtrale, cinématographique, à un spectacle. Il n'a point de participation à cette action, il n'est que simple spectateur.

Nous pourrions rajouter ceci : « qui est le meilleur juge de son appréciation ? » Autant de spectateurs dans une salle lors d'un spectacle, autant de commentaires différents nous aurions…

À titre de spectateur (de façon dissociée), à la vue de ce film, vous êtes la personne la mieux placée pour dire ce que vous en pensez. Au visionnement de cette représentation, ressentez-vous des papillons au ventre, un émoi de justesse de la réalité, une excitation tant cela vous paraît réel ?

Dans le cas où la validité de ce que vous voyez comme spectateur de votre film manque de crédibilité, qu'auriez-vous à suggérer au scénariste, au producteur, au réalisateur ou à l'acteur afin d'améliorer la réalisation du film ?

Soyez le metteur en scène !

Pour amorcer cet exercice, nous vous suggérons de débuter par un réel accomplissement qui fait partie de votre expérience de vie, de manière à ce que votre mémoire vous amène là où les émotions positives étaient bien présentes et facilement repérables. Retrouver les souvenirs et les ressources intérieures que vous aviez lors de cette réalisation vécue au courant de votre vie.
Dans un deuxième temps, vous imaginerez votre scénario de retraite en allant puiser dans les ressources internes positives que vous possédiez en repensant à cette réalisation vécue au courant de votre vie.

Première étape

Retrouvez une expérience du passé où vous rêviez à cette réalisation, par exemple : quand vous rêviez de quitter le nid familial pour partir en appartement, lorsque vous avez rencontré l'homme ou la femme de votre vie, à votre mariage, alors que vous êtes devenu un parent, lors de l'achat de votre première maison, etc.

Le scénariste : Celui qui imagine et rêve sans limites, sans contraintes, et où tout est possible. Voyez la situation à l'extérieur de vous. Que voyez-vous ? Comment cela se passe-t-il ? À quoi ressemblent les scènes de ce souvenir ? Y a-t-il un sourire à vos lèvres en revisitant cette pensée ?

Le producteur : Il identifie les ressources internes nécessaires. Dans cette expérience du passé, retrouvez à l'intérieur de vous les ressources nécessaires (forces et qualités) que vous aviez pour accomplir le projet en question.

Le réalisateur : Il planifie et organise avec réalisme ce dont le penseur a rêvé. Dans cette expérience du passé où vous étiez particulièrement dans la tâche, l'exécution, la planification et l'organisation de votre projet, quelles étaient les étapes que vous avez franchies pour arriver au but ? Comment définissez-vous les étapes pour la réalisation de ce projet qui vous tenait à cœur ?

L'acteur : Il vit son rôle principal de manière intense, selon ce que le réalisateur a prévu pour lui. Dans cette expérience du passé où vous viviez un projet positif, que ressentiez-vous ? Quel était votre discours interne ?

Le spectateur : Il observe l'événement à travers tous ses sens. Si c'était à refaire, changeriez-vous certaines choses ? Lesquelles ?

Concernant cette réalisation, faites une rétrospective de façon dissociée afin d'évaluer le tout. Avec ce nouveau regard, que feriez-vous autrement si c'était à refaire ? De quelles autres ressources auriez-vous besoin ou quelles autres stratégies d'action choisiriez-vous ?

Deuxième étape
Votre projet de retraite

Imaginez maintenant votre projet de retraite tel que défini jusqu'à présent grâce à l'exercice de la page… « Je prépare ma retraite » et aux différentes réflexions que vous avez faites à travers la lecture du guide. Entrez dans vos différents rôles afin de mettre en œuvre la retraite que vous souhaitez.

Le scénariste : Entrez dans l'espace du scénariste et demandez à votre côté créateur de rêver à votre projet de retraite. Que voyez-vous ?

Le producteur : Identifiez quelles ressources internes (forces et qualités) sont nécessaires pour mettre en place votre projet de retraite.

Le réalisateur : Entrez dans l'espace du réalisateur, imaginez-vous en train de vivre votre projet de retraite.

Vous êtes le réalisateur de votre retraite, comment mettez-vous votre plan d'action en place, connaissant les ressources identifiées par le producteur, pour vous réaliser comme retraité ? Quel genre de réalisateur êtes-vous ? Êtes-vous un planificateur court, moyen ou long terme lorsque vous vivez votre vie de retraité ? De quelle façon définissez-vous les étapes pour la réalisation de votre projet de retraite ?

L'acteur : Entrez dans l'espace de l'acteur. Commencez à vivre votre projet de retraite ou comme si vous l'étiez déjà. Que ressentez-vous ? Quel est le discours interne ? Y a-t-il quelque chose que vous aimeriez modifier ? Associez-vous totalement à votre projet, vous êtes l'acteur de votre retraite.

Le spectateur : Cette nouvelle étape de vie est maintenant accomplie. Faites une rétrospective de façon dissociée afin d'évaluer le tout. Avec ce nouveau regard, de quelles autres ressources ou stratégies d'action le scénariste, le producteur, le réalisateur ou l'acteur auraient besoin ? Est-ce que cela vous convient ainsi ? Y a-t-il quelque chose que vous aimeriez modifier. Si tel est le cas, retournez à l'espace approprié pour trouver l'ajustement nécessaire à vivre votre retraite dans la plénitude.

____

____

____

____

____

____

« L'important n'est pas la vitesse mais la direction. »
ARNAUD DESJARDINS

Scène 5
Votre rôle ultime !

Les niveaux de changements

Comme nous le précisions dans l'introduction, le changement restera probablement dans ce paradoxe d'être à la fois stimulant et inconfortable. Quelques fois désiré, en d'autres temps non souhaité, celui qui est prêt à sauter à pieds joints dans ce processus en trouvera des bénéfices même lorsque bien dissimulés.

Une retraite envisagée, planifiée amènera un changement possiblement plus doux que celui imposé par l'obligation de devoir se retrouver à la retraite. De plus, chaque individu, par son expérience de vie, ses perceptions et sa personnalité, aura son interprétation propre à lui.

Aussi, les changements ne seront pas tous abordés au même niveau. Certains planifieront de prendre leur retraite à la campagne plutôt que de rester à la ville. D'autres choisiront, tout en demeurant dans leur même environnement, de devenir plus actifs par des changements de comportements tels qu'augmenter leur activité physique par exemple.

Nous aborderons le concept de niveaux de changements afin de nous assurer que les changements souhaités, lors de votre retraite, soient en concordance avec votre perception de votre nouvelle réalité.

Lorsque nous parlons de niveaux de changements, nous les abordons comme en architecture, c'est-à-dire de façon à ce que la base soutienne la structure (en référence à la pyramide de Maslow).

Nous vous invitons à découvrir et à comprendre la hiérarchie naturelle de changements, comme l'explique Gregory Bateson, initiateur de ce concept. Comme il le définit, les changements sont propres à chacun et se vivront donc à des niveaux différents, tels que :

Environnement : L'environnement se définit comme votre espace de vie au quotidien. Vous habitez en ville ou encore à la campagne. Prenez le temps d'identifier dans quel genre d'environnement social vous souhaitez vivre. Peut-être est-ce un quartier avec une vie active ou encore un endroit zen de ressourcement au quotidien. Dans cet environnement, imaginez avec qui vous souhaitez être, mais également, déterminez dans combien de temps vous souhaitez y être, si ce n'est pas déjà le cas.

Comportement : Si une caméra vous filmait en gros plan dans votre nouveau scénario de vie, quels comportements seraient immortalisés sur la pellicule? Comment agissez-vous concrètement? Comment vous comportez-vous? Peut-être souhaitez-vous profiter de cette période charnière pour instaurer de nouveaux comportements ou encore pour en éliminer. Vous êtes la vedette de votre retraite… vous avez le choix.

Capacité : En fonction des nouveaux comportements choisis, quelles aptitudes possédez-vous ou devrez-vous acquérir pour développer pleinement vos comportements au moment opportun avec votre environnement choisi ? Vous possédez déjà beaucoup de talents, comment allez-vous les exposer aux projecteurs ?

Valeurs : En quoi est-ce important pour vous d'utiliser pleinement vos capacités et d'aller à la découverte de votre motivation profonde ? Quelles valeurs sont importantes pour vous ? Retournez à l'exercice sur les valeurs afin de vous assurer que vous êtes toujours en accord avant de mettre en boîte votre scénario de vie choisi.

Identité : Vous êtes la vedette de votre retraite. Qui êtes-vous, si vous possédez ces valeurs et avez la capacité d'utiliser les comportements dans cet environnement ?

Mission : Qui d'autre au-delà de vous-même profitera de votre personnalité ? Le spectateur qui vous regarde sur l'écran géant repartira avec un petit quelque chose de vous… Quel serait ce petit quelque chose ? Au-delà de votre propre réalité, à quelle vision beaucoup plus large contribuerez-vous ?

Mettre en boîte

Maintenant, nous vous suggérons de vous positionner dans chacun de ces niveaux de changement afin de vérifier la congruence entre votre projet de retraite et sa réalisation.

Environnement

Où et quand allez-vous agir en tant que vedette de votre retraite ? Avec qui, dans quel contexte ?

Comportements

Dans cet environnement, qu'allez-vous faire en tant que vedette de votre retraite ? Quelles vont être vos actions ? Comment vous comporterez-vous ? Comment vous voyez-vous ? Qu'est-ce que vous vous dites ? Que ressentez-vous ?

Capacités

Quelles seront les qualités et compétences nécessaires pour mener à bien les actions décrites au point précédent ?

Valeurs, croyances

En quoi est-ce important d'utiliser vos capacités intérieures ? Cela permet de définir la motivation profonde. Qu'est-ce qui est important pour vous en tant que retraité ? Quelles valeurs, considérez-vous importantes à votre épanouissement personnel ?

Identité

En regard de vos valeurs, vos croyances, vos forces intérieures, vos comportements, qui êtes-vous en tant que retraité ? Quel type de retraité êtes-vous ? En quoi cela fait-il sens avec vous ? JE SUIS…

____

____

____

____

____

Mission

Quel est le sens de votre mission ? Que souhaitez-vous apporter aux autres en tant que retraité ? Quelle est alors votre contribution au « monde », votre impact au-delà de votre identité ?

____

____

____

____

____

Votre rôle ultime, le « making of »

La visualisation

Nous ne sommes pas les premières à parler de visualisation. Plusieurs auteurs, formateurs, conférenciers en ont souvent parlé. Savez-vous que le cerveau ne fait aucune différence entre la réalité et une visualisation positive bien construite ? Qu'est-ce que cela veut dire concrètement ? Si vous pensez et imaginez comme un vainqueur… vous serez ce vainqueur dans votre vie affective, professionnelle et sociale. Cela ouvre alors la porte à de nouvelles perspectives de vous-même et de votre vie.

Nous vous invitons maintenant à visualiser ce que vous avez conçu, par le biais de l'imaginaire, en vous le laissant vivre comme si vous étiez rendu à votre but. N'oubliez pas, le cerveau n'y verra que du feu!

Prenez maintenant le temps de vous installer dans votre endroit préféré et propice au rêve. Cet endroit où tout est permis! Vous vous sentez confortable, disponible aux nouvelles idées et surtout dans la joie de pouvoir créer votre vie à votre guise, sans limites... Tout est permis! Qu'aimeriez-vous qu'il se passe maintenant?

Le scénariste sait ce qu'il a envie de vivre comme prochaine étape de vie... C'est à ce moment qu'il va rencontrer son producteur qui connaît toutes les ressources dont il a besoin comme scénariste pour réaliser cette étape de vie dans la joie et l'harmonie. Votre producteur prend le temps de faire le tour de toutes les ressources disponibles et nécessaires pour la réalisation de votre rôle ultime.

Votre producteur vous propose un réalisateur d'expérience en qui il a pleinement confiance. Il est réjoui et enthousiasmé de collaborer à la réalisation de votre rêve. C'est maintenant, la rencontre entre le scénariste, le producteur et le réalisateur. Imaginez le scénariste racontant au réalisateur ce qu'il souhaite comme film. Le producteur valide les possibilités de produire ce film. Il est en accord... avec le tout!

Le réalisateur a maintenant en mains tous les éléments nécessaires pour effectuer son « casting ». Il part à la recherche d'un acteur pour le rôle principal afin de faire un succès de ce film! L'acteur est maintenant choisi.

À présent, imaginez-vous assis dans une salle de cinéma comme spectateur pour la première projection du film. Vous voyez cet acteur tel que vous l'imaginez. Observez son apparence, le timbre de sa voix, la gestuelle de cet acteur que vous êtes. Que ressentez-vous en observant la scène? Est-ce que le jeu de l'acteur vous touche? Est-ce que l'acteur est crédible et plausible dans son rôle?

Comme spectateur, vous pouvez vous faire critique afin de donner votre côte et évaluer s'il y a quelque chose qui perturbe le scénario, le jeu de l'acteur, la qualité de l'image ou les dialogues. Si tel est le cas, par la magie de l'imaginaire, vous avez le pouvoir de transformer, de retourner voir le réalisateur qui prendra le temps de vous écouter et de faire les changements appropriés... La magie s'est opérée.

Vous retournez comme spectateur dans la salle. Et le film recommence. Est-ce plus satisfaisant ? Prenez le temps de revoir le déroulement du film. En tout temps, vous pouvez retourner auprès du réalisateur pour ajuster certains éléments.

Lorsque tout est au point. Vous vous levez de votre siège… à votre rythme, vous avancez vers l'écran. Tout comme le personnage de Fanfreluche qui pénètre dans son livre d'histoires, vous entrez dans le corps de l'acteur principal. Prenez le temps… de ressentir, de voir et d'écouter ce que l'acteur principal vit.

Le film se termine. Le générique apparaît. Le rideau se ferme. Les spectateurs applaudissent. Prenez le temps de savourer ce moment. Allez placer, à l'intérieur de vous, cette fierté d'accomplissement avec toutes ces possibilités que la vie vous propose. Vous êtes maintenant en mesure de connaître la première bonne action pour la réussite de cette nouvelle étape de vie.

Grâce à toute cette connaissance, tous ces acquis… Peu à peu, vous prenez le temps de revenir, ici et maintenant… avec la certitude que tout est possible !

Retour sur votre symbole du départ

Comme suite à votre cheminement intérieur effectué tout au long des différents exercices proposés dans le livre, auriez-vous des éléments supplémentaires à ajouter à votre symbole ? Est-ce toujours approprié ? Comment aimeriez-vous l'améliorer ou l'agrémenter ? Peut-être aimeriez-vous choisir un nouveau symbole ?

Tout comme le mentionne Jeanine, 58 ans, adjointe administrative, « suite à mes réflexions, tout au long des différents exercices, l'inukshuk est resté mon symbole, mais avec encore plus de solidité et de fermeté dans la nouvelle direction que prendra ma vie rendue à la retraite. » Y a-t-il une différence dans votre cas ? L'objet symbolique peut être maintenant tout à fait différent. L'important demeure la signification qu'il aura pour vous, quel qu'il soit.

L'évolution de votre symbole

Retournez à l'exercice « Un symbole à votre image ». Nommez l'évolution possible qu'a pu prendre votre symbole du départ.

« La vie, c'est comme un film: ce qui compte ce n'est pas qu'il dure longtemps, mais qu'il soit bien joué. »

Conclusion

Au-delà du statut social, la retraite ressemble plus à un mode de vie qui demande à être actualisé selon les nouveaux choix de vie de chacun en regard de ses propres valeurs.

Une retraite ne se prépare pas à 60 ans, mais à 40 ans... Il nous semble que le fossé sera grandement moins difficile à traverser.

Nous espérons fortement que ce guide vous aura permis de démystifier la retraite; qu'à travers les réflexions et les exercices d'introspection, vous aurez eu le plaisir de découvrir des pistes de solutions inédites, une nouvelle facette de votre identité, des moyens concrets de vous accomplir et de vous réaliser dans ce nouveau départ.

Rabelais disait que « Tout vient à point à qui sait attendre. »

Vous avez bien travaillé, bien patienté, c'est maintenant votre tour!

Soyez la vedette,
choisissez votre rôle!

Bibliographie

FÈVRE, Louis et SERVAIS, Chantalle et SOTO, Gustavo, *Guide du maître praticien en PNL*, Chronique Sociale, Lyon, 2004.

FÈVRE, Louis et SOTO, Gustavo, *Guide du praticien en PNL*, Chronique Sociale, Lyon, 2004.

NAZARE-AGA, Isabelle, *Je suis comme je suis: Connaissez-vous vraiment vos valeurs personnelles?* Les éditions de l'homme, Montréal, 2008.

PLANTE, Ginette, *La boîte à outils pour professionnels en relations humaines: guide d'exercices pratiques*, Éditions PsychoAide, Montréal, 2008.

Sites internet:

http://www.evene.fr

http://projetscours.fsa.ulaval.ca

http://web.worldbank.org

http://www.globalaging.org

http://www.mercer.com

http://fr.wikipedia.org

http://www.servicecanada.gc.ca

Hélène MARTINEAU a créé sa propre entreprise il y a près de 20 ans, après avoir effectué des études en graphisme.

L'appel de la psychothérapie se fait ensuite sentir vers l'âge de 35 ans, une période charnière de sa vie. Après beaucoup de changements, tous les éléments se sont mis en place pour une nouvelle carrière.

Elle opte alors pour la formation « coach professionnelle certifiée en PNL », afin de se rapprocher de sa deuxième passion révélée pendant son adolescence : l'Être humain.

Cette démarche l'interpelle par sa simplicité et son efficacité.

En novembre 2005, elle devient propriétaire du Carrefour Option Santé, un centre d'affaires dédié aux professionnels de la santé en médecine alternative, près de Montréal.

Depuis 2007, elle se consacre à une nouvelle carrière dans laquelle elle développe sa clientèle en « coaching de vie ». Au cours de ses consultations, elle vit sa passion de l'Être humain, en aidant les individus à prendre contact avec leur « identité » selon les différentes phases de leur vie.

Contact : helene_martineau@outlook.com

Nathalie MASSON est coach professionnelle certifiée en PNL, titulaire d'une maîtrise en gestion et développement des organisations et travailleuse sociale. Riche d'une longue expérience en intervention, supervision clinique, coordination de services et gestion de personnel, elle se spécialise en transition de carrière, dont la préparation à la retraite.

Ayant œuvré dans le réseau de la santé et des services sociaux, dans le milieu communautaire et en résidence privée, c'est auprès des adolescents et parents, des personnes en perte d'autonomie, des personnes âgées et de la communauté inuite, qu'elle a développé son savoir-faire et son savoir-être.

Vivre et travailler dans le Grand Nord québécois lui auront aussi fait découvrir de nouveaux visages et une façon tout à fait inédite de voir la vie. Elle y a pris conscience que ce n'est pas tant l'expérience, mais la façon dont nous la percevons qui forme nos croyances.

Sa mission : accompagner les individus dans l'analyse de leur situation actuelle afin d'identifier et de mettre en place les meilleures stratégies à adopter pour arriver à leurs buts, dans le respect de soi et des autres.

Contact : nmasson1266@gmail.com

Prépresse : GERESO Édition 2019

Achevé d'imprimer par IsiPrint - 93 200 La Courneuve en mai 2021
N° d'impression : 158774 - Dépôt légal : Juillet 2019 - *Imprimé en France*